PRESENCIA
REAL

"*Presencia real* es simultáneamente una invitación y un itinerario hacia las profundidades del misterio de la Eucaristía. Como invitación, nos llama a contemplar con humildad y disposición de adoración a Jesucristo verdaderamente presente en el pan y el vino eucarísticos. Como itinerario, uno se descubre caminando junto a teólogos, santos, místicos y muchos otros creyentes en la historia de la Iglesia cuyas vidas fueron transformadas profundamente por un encuentro con este gran misterio. Vale la pena leer este libro".

Hosffman Ospino
Profesor de teología y educación religiosa
Boston College School of Theology and Ministry

"Escrito en un lenguaje accesible, Timothy P. O'Malley guía al lector sobre cómo discernir y crear una cultura parroquial eucarística. Presentando reflexiones sobre liturgias gozosas que celebran la diversidad, destacando la piedad popular, la Iglesia doméstica y la solidaridad global. Este es un recurso maravilloso para el Avivamiento Eucarístico en las parroquias que buscan conocer verdaderamente al Señor Eucarístico y transformarse en testigos vivos".

Marilyn Santos
Director asociado del Secretariado de Evangelización y Catequesis
Conferencia de Obispos Católicos de los Estados Unidos

"Tim O'Malley es esa gran raridad: un teólogo que es un placer leer para los católicos comunes. Él es profundo. Está arraigado en la vida de la familia. Es un observador cuidadoso del comportamiento humano. Y es divertido. Este libro es una lectura esencial en nuestro momento de la historia de la Iglesia. Hemos fallado en comunicar lo más importante de la vida, el misterio de Cristo presente en la Eucaristía, algo que nuestros antepasados lograron transmitir sin las ventajas extraordinarias que tenemos hoy. O'Malley ve el problema con extraordinaria claridad y propone formas muy prácticas de avanzar. Sin un enfoque como este, nuestros esfuerzos por una nueva evangelización serán inútiles. Con tal enfoque, y con la gracia de Dios, nuestras perspectivas son excelentes".

Mike Aquilina
Autor católico y vicepresidente ejecutivo del St. Paul Center for
Biblical Theology

"Experimentar la presencia de Dios, no simplemente conocer los hechos de la enseñanza de la Iglesia, es esencial si queremos guiar a otros a descubrir el don de la presencia real de Cristo en la Eucaristía. En este libro conciso y excelente, Timothy P. O'Malley nos ayuda a recuperar una comprensión integrada de la presencia real. Una vez más, ha combinado bellamente el mundo académico y pastoral. ¡El trabajo del Instituto McGrath es fenomenal!"

Ximena DeBroeck
Directora de la División de Formación Catequética y Pastoral
Arquidiócesis de Baltimore

Traducido por Kathia y Andrés Arango

CATOLICISMO INTERESANTE

PRESENCIA REAL

¿Qué significa y por qué es importante?

Timothy P. O'Malley

Instituto McGrath para la vida de la Iglesia | Universidad de Notre Dame

AVE MARIA PRESS AVE Notre Dame, Indiana

Nihil Obstat: Reverendo Monsenor Michael Heintz, PhD, *Censor Librorum*
Imprimatur: Reverendisimo Kevin C. Rhoades, Obispo de Fort Wayne–South Bend
Dado en Fort Wayne, Indiana, el 5 de octubre de 2021

Traducido por Andrés y Kathia Arango

La editorial Ave Maria Press, fundada en 1865, es un ministerio de la Provincia de los Estados Unidos de la Congregación de Santa Cruz.

www.avemariapress.com

Libro de bolsillo: ISBN-13 978-1-64680-283-8

Libro electrónico: ISBN-13 978-1-64680-284-5

Número de producto: 30013

Foto de portada: © Sidney de Almeida / iStock / Getty Images Plu.

Diseño de la portada y del texto: Samantha Watson.

Impreso y empastado en los Estados Unidos de América.

*A mis abuelos,
Margaret y Richard Thompson,
quienes me enseñaron a doblar la rodilla ante
el Señor Eucarístico.*

ÍNDICE

PRÓLOGO A LA SERIE

La doctrina no es probablemente lo primero que nos viene a la mente cuando consideramos la labor pastoral de la Iglesia. Tendemos a suponer que la doctrina es algo abstracto, que interesa sobre todo a los teólogos y al clero, cuya vocación es contemplar elevadas cuestiones de creencia. Por otro lado, tendemos a pensar que la v ida pastoral de la Iglesia se consume principalmente en cuestiones prácticas: ¿Cómo rezamos? ¿Cómo transmitimos la fe a la siguiente generación? ¿Cómo formamos a los cristianos para que se preocupen por los hambrientos y los sedientos? ¿Cómo pueden nuestras parroquias convertirse en espacios de discipulado vivido? ¿Cuáles son las mejores prácticas para la formación de las familias católicas? Al presentar en conferencias catequéticas en las diócesis un punto específico de la teología católica, el profesorado y el personal del Instituto McGrath para la Vida en la Iglesia a menudo escuchan la pregunta: "Entonces, ¿cuál es el significado? Dígame los aspectos prácticos".

La separación entre doctrina y práctica es mala para los teólogos, los líderes pastorales y los cristianos que buscan crecer en santidad. Conduce a teólogos que ya no ven su vocación como algo vinculado a la Iglesia. Los teólogos académicos hablan un lenguaje que sólo poseen los ilustrados. En ocasiones, dirigen su atención a las creencias y prácticas ordinarias de los fieles, reaccionando a veces con diversión u horror ante el hecho de que alguien pueda ser tan primitivo como para adorar la Eucaristía o dejar flores ante Nuestra Señora de Guadalupe. Se supone que el ámbito adecuado para que la teología ejerza su oficio es el seminario doctoral, no la parroquia ni la escuela secundaria católica.

Del mismo modo, la estrategia pastoral se desarrolla con demasiada frecuencia al margen del tesoro intelectual de la Iglesia. Tal estrategia es irreflexiva, incapaz de examinar críticamente sus propios supuestos. Por ejemplo, cómo preparamos a los adolescentes para la Confirmación es un problema teológico y pastoral. Sin la sabiduría de la doctrina sacramental, responder a esta necesidad pastoral se convierte en una cuestión de conjetura pragmática, que desgraciadamente conduce a la variedad de teologías de la Confirmación implícitas y a menudo empobrecidas que surgieron en el siglo XX. La estrategia pastoral divorciada de la riqueza doctrinal de la Iglesia puede dejar a la catequesis privada de algo que valga la pena transmitir. Si se quiere ser animador de jóvenes, no basta con conocer las mejores prácticas para acompañar a los adolescentes a lo largo de la adolescencia, ya que se puede acompañar a alguien incluso a despeñarse por un precipicio. Los líderes pastorales deben saber también bastante sobre lo que enseña el catolicismo para conducir a los miembros del cuerpo de Cristo a la plenitud de la felicidad humana.

La serie Catolicismo Interesante le invita a ver la intrínseca e íntima conexión entre la doctrina y la vida pastoral de la Iglesia. Al fin y al cabo, las doctrinas son el modo normativo de transmitir los misterios de nuestra fe. Las doctrinas nos hacen capaces de recoger un misterio, llevarlo a todas partes y entregárselo a otra persona. Las doctrinas, estudiadas y comprendidas, nos permiten saber que *estamos* transmitiendo *este misterio* y no un substituto.

Para transmitir correctamente los misterios de nuestra fe, el animador pastoral debe *saber que una doctrina contiene un misterio*, debe tener la doctrina abierta, de modo que recibirla signifique encontrarse con el misterio que encierra. Sólo entonces se puede ser transformado por la doctrina. El problema con la práctica religiosa no formada o inadecuadamente formada por la doctrina es que espera una elevación espiritual fácil y casi siempre continua, que no puede sostenerse si uno tiene suficiente comprensión de su propia humanidad. En el Instituto McGrath para la Vida en la Iglesia confiamos en las doctrinas cristianas como verdades salvadoras, portadoras del misterio del Dios que es amor. Creemos en la importancia de estas enseñanzas para hacernos cada vez más humanos, y creemos en la urgente necesidad de hablar de las doctrinas de la Iglesia en, para y con aquellos que atienden la vida pastoral de la Iglesia. No podemos pensar en ninguna tarea más importante que ésta. Los libros de esta serie representan nuestros mejores esfuerzos en este empeño crucial.

John C. Cavadini
Director del Instituto McGrath para la Vida de la Iglesia
Universidad de Notre Dame

PREFACIO

Este libro, el primero de una serie dedicada a la unión de doctrina y práctica, pretende sanar el divorcio entre la teología y la vida pastoral de la Iglesia. La serie parte del supuesto de que la doctrina católica y la práctica proponen al discípulo una forma de vida. Doctrina y práctica nos invitan a asumir una cosmovisión, un modo de acercarnos a todo lo que existe. Cuando estamos de pie en la asamblea de los creyentes y proclamamos el Credo durante la liturgia eucarística, no estamos pronunciando proposiciones que valgan exclusivamente para los cristianos intelectuales. Profesar la fe en que Dios creó el mundo de la nada (*creatio ex nihilo*) tiene implicaciones para la vida humana. Si Dios creó el mundo de la nada, entonces todo lo que existe es puro don del Dios de la generosidad infinita, que nos ha dado la voluntad de responder no de manera servil, sino con la libertad del amor. Al meditar sobre lo que significa esta doctrina, se nos invita a adoptar una postura de gratitud hacia la creación.

En este libro se abordan las doctrinas de la presencia real y la transubstanciación, que exigen tanto conocer como amar. En el lenguaje popular, estas dos doctrinas se utilizan indistintamente. Sin embargo, son dos doctrinas interrelacionadas, vinculadas a la presencia sustancial de Cristo en la Eucaristía. Meditando sobre estas doctrinas, se descubre la presencia personal y, por tanto, sanadora de Jesucristo en la historia humana. Profesar la fe en la presencia eucarística de Cristo no es el resultado de un ejercicio filosófico, sino que se produce al adorar al Dios oculto bajo las especies del pan y el vino. Estas doctrinas tienen implicaciones para entender quién es Jesucristo, la pedagogía por la que Dios salva a hombres y mujeres a través de la Iglesia, y cómo los miembros del cuerpo de Cristo pueden perseguir la santidad como criaturas que se curan comiendo y bebiendo el Cuerpo y la Sangre de Cristo.

En estas dos doctrinas, vemos cómo la contemplación orante de la doctrina nos ofrece un modo de vida basado en la práctica y cómo la práctica fructifica en el desarrollo de la doctrina. Este libro expondrá este argumento a lo largo de cinco capítulos.

En el primer capítulo, despejo el camino para el estudio de las doctrinas de la presencia real y la transubstanciación. Comienzo con un problema pastoral identificado en la Iglesia, a saber, la disminución de la creencia en la presencia real en el catolicismo estadounidense. Para responder a este problema pastoral es necesario recuperar las doctrinas de la presencia real y la transubstanciación.

En el segundo capítulo, presento los fundamentos bíblicos de la presencia eucarística. La doctrina eucarística de la presencia se refiere a la morada íntima de Dios con la familia humana, primero a través de Israel y después a través de la Iglesia. Dios revela en las Escrituras lo que significa que Dios esté presente para nosotros, cómo estamos presentes para Dios y lo que esto significa para nuestra presencia mutua. La Eucaristía, en el Nuevo Testamento, está estrechamente vinculada a la revelación de la morada íntima de Dios entre los hombres.

En el tercer capítulo me ocupo del desarrollo de la doctrina de la presencia real en los Padres de la Iglesia. La doctrina de la presencia real no surge de golpe, sino que se desarrolla a medida que la Iglesia va comprendiendo lo que sucede en la celebración eucarística. La doctrina de la presencia real está relacionada con el sacrificio y el martirio, la materialidad de la salvación, la sanación y santificación de los sentidos a través de los sacramentos y la Iglesia como comunión de amor sacrificial.

En el cuarto capítulo, emprendo un comentario de la secuencia eucarística de santo Tomás de Aquino para la fiesta del Corpus Christi, *Lauda sion*. A través de una lectura atenta de este himno devocional, muestro cómo la transubstanciación es una doctrina que nos forma para adoptar una postura ante el mundo inspirada en la Eucaristía. Como criaturas, debemos dar sentido a un pasado, vivir en un presente y orientarnos hacia un futuro. La transubstanciación nos forma para pensar de nuevo lo que significa vivir en el tiempo. No se trata de una explicación puramente técnica de la presencia eucarística, sino de una manera de invitar a los hombres y mujeres a ver su pasado, presente y futuro como algo que se desarrolla en la presencia íntima de Jesucristo.

En el quinto capítulo, me dirijo a los adoradores y videntes del Santísimo Sacramento para ver cómo la devoción reverente al Santísimo Sacramento ha transformado la vida de personas concretas. Escuchando a tres figuras medievales (Matilde de Magdeburgo, Matilde de Hackeborn y Gertrudis la Grande de Helfta) y a tres figuras modernas (Flannery O'Connor, Simone Weil y Dorothy Day), podemos ver cómo la presencia real puede formar nuestros sentidos para gustar y ver la dulzura de Cristo en la Eucaristía y, por tanto, para amar la presencia de Cristo manifestada en el prójimo.

Quiero ofrecer una nota de agradecimiento a dos profesores de la Universidad de Notre Dame. La idea fundamental de este libro proviene de un curso que tomé en el otoño de 2004 con el doctor Joseph Wawrykow sobre teología eucarística medieval. Leyendo a Tomás de Aquino junto a místicos eucarísticos, llegué a reconocer la íntima unión entre teología y oración en los documentos eucarísticos de la Iglesia. Tomás de Aquino y Gertrudis la Grande son teólogos que deben leerse uno junto al otro si se quiere comprender plenamente el tesoro eucarístico de la Iglesia.

Además, después de regresar a Notre Dame en 2010, le pedí a la hermana Ann Astell que ofreciera una clase para estudiantes de teología (a la que yo asistí entonces) sobre la Eucaristía y la belleza. Han pasado cinco años desde que estuve en este curso, y todavía me estoy beneficiando de la riqueza de la hermana Ann como profesora y pensadora. Para quienes disfruten de lo que leen en este libro y busquen más, recomiendo el libro de la hermana Ann *Eating Beauty: The Eucharist and the Spiritual Arts of the Middle Ages* como siguiente paso en la educación eucarística cada vez más profunda.

Mi amor por el Santísimo Sacramento me vino como regalo de mis abuelos. Margaret y Richard Thompson fueron los primeros en llevarme a la Misa dominical, enseñarme a hacer la genuflexión, prepararme para la Primera Comunión y llevarme a la Bendición del Santísimo Sacramento. Aunque conocían el término *transubstanciación*, nunca me lo explicaron formalmente. Pero a través de su reverente silencio ante el Santísimo Sacramento, me enseñaron que había algo más que ver, gustar, tocar, oír y oler de lo que los sentidos podían percibir.

Por esta razón, dedico este libro a mis abuelos, Margaret y Richard. Margaret—a quien dimos el nombre de nuestra hija—ha pasado ya a la vida eterna. Disfruta, nos atrevemos a esperar, de la plena presencia de Dios al que adoraba de rodillas. Richard, que sigue peregrinando en esta vida, no puede participar regularmente en la Misa debido a su edad. Recuerdo a mis queridos abuelos tan a menudo como puedo en el sacrificio de la Misa. Y ahora les recuerdo y dedico esta obra. Que sirva como signo de gratitud por el tesoro de fe que me transmitieron.

Este libro fue escrito durante el periodo de cuarentena por COVID-19. Esta cuarentena incluyó la cancelación de Misas públicas en todo Estados Unidos. Las iglesias, antes llenas de comulgantes para una Misa dominical, ahora estaban vacías, salvo por un sacerdote, un monaguillo y un cantor. La Pascua llegó y se fue sin la comunión. Entre los fieles, había un deseo de vida eucarística que no se había sentido desde hacía tiempo.

Sin embargo, el Señor de la Eucaristía no dejó huérfanos a sus hijos. En medio de esta pandemia, el papa Francisco se paró en la plaza vacía de la Basílica de San Pedro al atardecer, durante un aguacero constante, levantó una custodia que contenía las especies eucarísticas y bendijo a la ciudad de Roma y al mundo entero. Era una ciudad y un mundo atormentados por la sombra de la muerte. Hombres y mujeres morían solos en los hospitales de Roma, Milán y Nueva York. El distanciamiento social significaba que estábamos aislados unos de otros, que ya no podíamos ver a nuestros seres queridos cara a cara. Se cancelaron bodas y funerales. El tiempo parece detenerse.

La bendición eucarística del papa Francisco estuvo acompañada por los dos últimos versos del himno de Tomás de Aquino "Pange lingua". En este himno en español oímos: "La fe suple todos los defectos, donde los débiles sentidos fallan". Para todos nosotros, los sentidos sólo percibían la ausencia. No había comunión eucarística ni presencia humana normal. Había muerte y oscuridad. Y, sin embargo, con la elevación de aquella custodia un viernes sombrío en Roma, reconocimos la debilidad de nuestros sentidos. Parecía imposible, pero incluso ahora, en este valle de lágrimas, el Señor estaba presente. Estaba presente en nuestras familias, en los enfermos y moribundos, y en los trabajadores sanitarios que sacrificaban su bienestar personal. Y seguía sustancialmente presente en los sagrarios de las parroquias de todo el mundo. Una lámpara de santuario en una iglesia a oscuras seguía siendo un signo de la presencia permanente, luminosa y ardiente del Amor.

Si algo me ha enseñado el COVID-19 es a desear más fervientemente la presencia de este Amor. Que este libro lleve al lector a renovar este deseo, a asentir de nuevo a la presencia del Señor.

Fiesta de Corpus Christi
14 de junio de 2020

1.

OBSTÁCULOS A LA PRESENCIA REAL

Cada unos años, el Pew Research Center publica un estudio actualizado sobre las creencias de los católicos estadounidenses en relación con la presencia eucarística. El estudio se utiliza a menudo como un indicador para determinar el compromiso de los católicos con la práctica religiosa en Estados Unidos. En 2019, el informe encontró que siete de cada diez católicos creen que el pan y el vino en la Misa son símbolos del Cuerpo y la Sangre de Cristo. Solo el 31 por ciento de los católicos en el mismo estudio profesaron fe en que el pan y el vino se convierten en "el Cuerpo y la Sangre reales de Cristo".[1]

Dentro del catolicismo estadounidense, las reacciones al estudio son similares cada vez que Pew publica sus conclusiones más recientes. Algunos católicos piden una catequesis renovada de la Eucaristía, escandalizados de que tantos no entiendan la doctrina de la presencia real y la transubstanciación. En 2019, el obispo Robert Barron expresó su enfado porque la Iglesia ha fracasado sistemáticamente a la hora de expresar los fundamentos de esta doctrina a los fieles.[2] Para el obispo Barron y muchos líderes católicos que comparten su preocupación, la encuesta funcionó como una llamada de atención para que el clero y los catequistas intensifiquen los esfuerzos relacionados con la catequesis eucarística.

Otros critican el estudio. El doctor Mark Gray, sociólogo católico, ha llamado la atención sobre el lenguaje teológico impreciso de la encuesta. Los católicos no profesamos la fe en que el pan y el vino se conviertan en "el Cuerpo y la Sangre reales de Cristo". Declaramos la fe en la presencia real o sustancial de Cristo, Cuerpo y Sangre, Alma y Divinidad. Esta presencia se nos ofrece a través de las especies o accidentes del pan y el vino. El lenguaje de la encuesta, no tomado de la enseñanza católica, puede haber llevado a confusión a los encuestadores. El Cuerpo real de Cristo podría haberse entendido como el cuerpo localizado de Cristo, ascendido a la derecha del Padre. Los encuestadores, en este caso, demuestran que la confusión en torno a la doctrina eucarística es un problema no sólo para los católicos, sino también para quienes trabajan para Pew.

Por último, otros celebran los resultados de la encuesta. Según el periodista jesuita padre Thomas Reese, S.J., la encuesta revela que en las parroquias se sigue transmitiendo un enfoque anticuado de la teología eucarística. Como escribe en el *National Catholic Reporter*:

> Personalmente encuentro ininteligible la teología de la transubstanciación, no porque no crea que el pan y el vino se convierten en el cuerpo y la sangre de Cristo, sino porque no creo en la materia prima, las formas sustanciales, la sustancia y los accidentes. No creo que tengamos ni idea de lo que quiso decir Jesús cuando dijo: "Esto es mi cuerpo". Creo que debemos aceptarlo humildemente como un misterio y no pretender que lo entendemos.[3]

Para el padre Reese (y no es el único), la doctrina de la transubstanciación depende de una visión anticuada del mundo físico extraída de Aristóteles. Los encuestados por Pew no creen en la transubstanciación porque la doctrina es incomprensible para el hombre moderno. Es más, el verdadero objetivo de la Eucaristía, según el padre Reese, no debería ser adorar o rezar a Jesús en la hostia eucarística. Por el contrario, la Eucaristía está orientada a hacer a la asamblea más semejante a Cristo a través de la participación en la comida comunitaria de la Misa para un mayor servicio al mundo.

Excluyendo la posición del doctor Gray, cuya crítica deberían leer los líderes pastorales tentados de prestar demasiada atención al estudio del Pew, para mí está claro que muchos católicos no poseen una comprensión precisa de las doctrinas tanto de la presencia real como de la transubstanciación. Tampoco realizan prácticas reverentes que permitan al cristiano gustar y ver la bondad del Señor en el Santísimo Sacramento. Este libro quiere unir estas dos preocupaciones: una recuperación significativa de las doctrinas de la presencia real y de la transubstanciación, junto con la formación espiritual necesaria para asentir a la doctrina con todo nuestro corazón.

En este capítulo inicial, intento despejar el camino para esta recuperación. Lo hago centrándome en tres confusiones prominentes en torno a las doctrinas de la presencia real y la transubstanciación. Estas confusiones son los obstáculos que dificultan tanto la comprensión como la enseñanza de estas doctrinas. Estos tres puntos de confusión incluyen:

- una interpretación demasiado física y, por tanto, técnica de la presencia real y de la transubstanciación,
- falta de reverencia eucarística, y
- se presume una falsa dicotomía entre la reverencia eucarística y el reconocimiento de la presencia de Cristo en los hambrientos y sedientos.

INCOMPRENSIÓN DE LA PRESENCIA REAL

Sospecho que la mayoría de los católicos, aunque crean en la presencia real, no podrían explicárselo a un vecino inquisitivo que quisiera saber por qué los católicos creen que comen el Cuerpo y la Sangre de Cristo. Desde 2010, enseño teología en la Universidad de Notre Dame. En muchas de mis clases, los estudiantes no saben qué es un sacramento y por qué la Eucaristía es uno de ellos. Son "más o menos" conscientes de que la transubstanciación es importante. Pero si se les pide que definan la doctrina, la mayoría de mis alumnos (de los cuales alrededor del 83 por ciento son católicos bautizados) no serían capaces de articular por qué la Iglesia cree en la presencia real, qué es la transubstanciación y por qué es importante para la vida cristiana. Uno podría imaginar que estos estudiantes podrían marcar una casilla en una encuesta como la del estudio Pew confesando que Cristo está simbólicamente presente en la Misa. Puesto que no se puede percibir a Jesús presente en el altar, la presencia simbólica tiene más sentido para quienes no han sido formados por la Tradición de la Iglesia, especialmente cuando el propio estudio Pew no utiliza el lenguaje adecuado para describir la enseñanza de la Iglesia sobre la presencia real.

Pero incluso quienes pueden articular la doctrina de la presencia real también malinterpretan lo que la Iglesia enseña sobre la Eucaristía. Hace varios años, escribí un libro sobre por qué el aburrimiento en la Misa funcionaba como una invitación a un nivel más profundo de participación en el misterio eucarístico.[4] Escritor católico novato que buscaba vender el libro a alguien más que a su abuela, participé en programas de radio católicos para hablar sobre los temas del libro. Mis entrevistadores eran fervientes, el tipo de gente que se uniría a la escritora de cuentos

Flannery O'Connor en su réplica a un colega escritor católico que en una fiesta confesó su fe en la Eucaristía como un mero símbolo: "Bueno, si es un símbolo, al infierno con él".[5] Estos presentadores de radio, aunque rechazaban un enfoque simbólico de la Eucaristía, a menudo caían en una interpretación física de la transubstanciación que tampoco era congruente con la enseñanza de la Iglesia. A muchos católicos se les ha enseñado a través de blogs, predicaciones y otros medios populares que estos milagros eucarísticos son signos de lo que ha sucedido físicamente en la consagración. Sin embargo, la transubstanciación no es un cambio físico. El doctor eucarístico por excelencia Santo Tomás de Aquino argumenta que los milagros eucarísticos (hostias sangrantes, la aparición de un niño durante la consagración) son milagros secundarios destinados a llevar al cristiano que duda a expresar su fe en la presencia eucarística de Cristo.[6] Una hostia sangrante no está relacionada con la transubstanciación porque la presencia de Cristo en el Santísimo Sacramento se percibe, para Tomás de Aquino, no a través de los sentidos sino exclusivamente a través de un acto del intelecto. Aquí, el intelecto no significa la facultad que sólo emplean los intelectuales en las universidades para escribir libros. En cambio, el intelecto es nuestra atención, memoria, imaginación, entendimiento, reflexión y nuestra forma de juzgar. Todos somos intelectuales porque usamos el intelecto cada día para pasar de lo que se ve a lo que no se ve. Veo una nube oscura y llego a la hipótesis de que puede llover. Esta hipótesis es un acto del intelecto.[7] Del mismo modo, confieso que Cristo está presente en la Eucaristía no porque perciba esta presencia a través de los sentidos, sino porque el intelecto ha sido transformado por la fe para reconocer la presencia del Amor.

Pero quizá toda esta charla sobre la doctrina eucarística no sea más que una reacción exagerada. Tal vez, como el padre

Reese, deberíamos renunciar a la anticuada doctrina de la transubstanciación para encontrar una nueva forma de hablar de la Eucaristía. ¿Realmente necesitamos explicar el misterio de esta presencia utilizando términos como *sustancia y accidentes*? ¿No basta con que el cristiano doble la rodilla ante la presencia de Cristo? ¿Necesita la Iglesia que sus fieles se doctoren en filosofía antigua para saborear el don de la Eucaristía?

Doblar la rodilla ante el Santísimo Sacramento, ofrecer flores ante una imagen de Nuestra Señora de Guadalupe y gritar "Señor mío y Dios mío" durante la consagración son esenciales para fomentar la devoción eucarística. Sin embargo, los católicos estamos llamados a algo más que a asentir servilmente a la doctrina. Se nos ha dado la capacidad de pensar, de entender, de comprender lo que significa profesar la fe en Jesucristo. Oración e intelecto pueden ir juntos. Después de todo, es Tomás de Aquino quien escribe un tratado sobre la Eucaristía en su *Summa Theologiae*, además de componer himnos eucarísticos y oraciones para la fiesta del Corpus Christi.

La precisión doctrinal se ordena, en última instancia, a una apreciación más profunda del misterio del amor divino. Las doctrinas de la presencia real y de la transubstanciación son formas de formar nuestros hábitos de expresión para comunicar adecuadamente sobre este misterio de amor. La transubstanciación no es una explicación técnica de lo que sucede en la Eucaristía. De hecho, es una doctrina destinada a formar a mujeres y hombres para que se acerquen al sacramento como la presencia personal y vivificante del Señor crucificado y resucitado que se nos da a comer. Hay precisión necesaria en la doctrina eucarística, pero tal precisión está diseñada para facilitar un encuentro más profundo en lugar de explicar el misterio.

Y el lenguaje preciso utilizado en la transubstanciación es importante. Claro, se requiere un poco de trasfondo para enseñar esta doctrina. Cuando el católico moderno oye el término *sustancia*, no piensa en Aristóteles, sino en cosas materiales. Se imaginan que la sustancia del pan es lo que se puede ver, tocar y saborear.

Pero el lenguaje preciso de la doctrina se diseñó para evitar un relato excesivamente físico de la presencia de Cristo, así como uno meramente simbólico. Para ello, la Eucaristía utilizó el lenguaje del filósofo Aristóteles. Pero no es del todo correcto decir que este lenguaje requiere que uno adopte la visión física del mundo de Aristóteles para entender la doctrina de la transubstanciación. Como escribe Joseph Ratzinger:

> La transformación eucarística se refiere *per definitionem*, no a lo que aparece, sino a lo que nunca *puede* aparecer. Tiene lugar fuera del ámbito físico. Pero eso significa, por decirlo claramente: visto desde la perspectiva de la física y la química, no ocurre absolutamente nada en los dones—ni siquiera algo en un ámbito microscópico; considerados física y químicamente, después de la transformación, son exactamente iguales a como eran antes de ella.[8]

La transubstanciación no es una extensión de la física de Aristóteles a la teología. Por el contrario, emplea el lenguaje del filósofo Aristóteles para describir una transformación esencial que tiene lugar en los elementos eucarísticos. Las especies de pan y vino permanecen, pero su realidad es ahora completamente distinta: la Eucaristía es la presencia personal de Jesucristo. Para entender esta afirmación, es útil ver que Tomás de Aquino utiliza a Aristóteles, pero no es necesario convertirse en un científico natural al modo del Filósofo (lo que Santo Tomás llama Aristóteles).

De hecho, la transubstanciación puede ser comprendida en poco tiempo por casi cualquiera que atienda al significado de la doctrina. Según Aristóteles, todo posee una sustancia. Una sub-sustancia es aquello que hace que la cosa sea lo que es. Tales sustancias no son visibles. Mi hija de tres años sale a pasear por la calle. Ve un golden retriever, un poodle y un galgo. Cada perro tiene un aspecto diferente. Y, sin embargo, ella proclama maravillada cada vez: "¡Mirad, perritos!". Las propiedades o apariencias de cada perro pueden ser disímiles. Uno es pequeño, el otro grande. Uno puede ser marrón, el otro negro. Uno puede tener el pelo corto, otro largo. Pero comparten una sustancia: la que los convierte en *ese mismo* perro.

La transubstanciación es la explicación de la doctrina de la presencia real empleando la palabra *sustancia*. El pan y el vino han cambiado su sustancia, lo que son fundamentalmente. Parecen, saben, huelen, se sienten e incluso suenan como el pan y el vino. Pero a través de las palabras de Jesucristo y el poder del Espíritu Santo, y a través del instrumento de las palabras del ministro ordenado, la sustancia de *este* pan y *este* vino se transforman. A nivel de sustancia, ya no hay pan. No hay más vino. Más bien, la Eucaristía es la presencia total y real de Jesucristo, dado a la Iglesia en lo que parece y sabe a pan y vino. La especie o apariencia—es decir, los accidentes del pan y del vino—permanecen a disposición de nuestros sentidos, sostenidos sólo por un milagro.

Así pues, la doctrina de la transubstanciación no es una explicación técnica o física de lo que sucede en la Misa. Por el contrario, es una doctrina que describe cómo Jesucristo nos alimenta con su misma presencia a través de los signos del pan y del vino. Como veremos en los Padres de la Iglesia, en Tomás de Aquino y en los adoradores eucarísticos medievales y modernos, esos signos del pan y del vino realmente importan. Es a través de esos signos como los seres humanos aprendemos a deleitarnos en la presencia de Dios aquí y ahora.

FALTA DE REVERENCIA EUCARÍSTICA

Pero no basta con comprender la doctrina. La formación eucarística exige también reverencia, doblar la rodilla ante la presencia del Señor. Es posible que malinterpretemos la Eucaristía porque no adoramos al Señor. En su *A Grammar of Assent*, san John Henry Newman introduce una distinción entre el asentimiento nocional y el real. El asentimiento nocional es abstracto y, por tanto, se refiere a proposiciones y definiciones. Este tipo de asentimiento o aprehensión discierne cómo las afirmaciones en competencia interactúan entre sí y se relacionan con el todo. En cambio, el asentimiento real es un acto de imaginación. Como asentimiento, implica al que lo hace a nivel personal. Antes de ser padre, podía asentir teóricamente a la siguiente proposición: educar a los hijos requiere paciencia. Es una afirmación razonable. Los niños pueden pedir mucho a los padres. Si fuera sociólogo, podría realizar un estudio longitudinal de parejas para evaluar cómo han desarrollado la paciencia desde el nacimiento de sus hijos hasta que se van de casa.

Un verdadero asentimiento a la paciencia paterna es diferente. ¿Y si en lugar de hacer un estudio sobre la paciencia de los padres, me convierto en padre? Empezaría a experimentar noches de insomnio. Daría paseos frecuentes y muy lentos con niños pequeños alrededor de los santuarios de las iglesias. Esperaría mientras un hijo o hija adolescente ocupa el baño durante dos horas. Para mí, la virtud de la paciencia paterna ya no es teórica. Se ha convertido en algo real.

El verdadero asentimiento debe ser concreto, ya no se trata de ideas, sino de la realidad misma. Y el asentimiento religioso a los dogmas debe ser tanto nocional como real para el cristiano. Newman escribe:

> Un dogma es una proposición: representa una noción o una cosa; y creerlo es darle el asentimiento de la mente, ya sea que represente lo uno o lo otro. Darle un asentimiento real es un acto de religión; darle un asentimiento teórico es un acto teológico. La imaginación religiosa lo discierne, se apoya en él y se lo apropia como una realidad; el intelecto teológico lo sostiene como una verdad.[9]

Un enfoque proposicional de las doctrinas de la presencia real y la transubstanciación no puede garantizar un asentimiento real. Necesitamos apropiarnos de la doctrina, mantenerla en nuestra imaginación religiosa e inclinarnos ante el Santísimo Sacramento antes de hacer un asentimiento real a la presencia real.

Dado que un asentimiento real requiere reverencia, la Eucaristía es a menudo malinterpretada, no sólo porque la gente no conoce la doctrina, sino porque la Iglesia profesa implícitamente en su oración una falta de creencia en la presencia de Cristo. Si los fieles se acercan a la Eucaristía como algo "meramente" simbólico, puede que tenga más que ver con la pobreza del culto eucarístico (el espíritu de reverencia con el que nos acercamos al culto de Dios en la Misa) que con la calidad de la instrucción doctrinal. En muchos lugares, la Misa se celebra de tal manera que la presencia de Cristo no es el centro del culto. No hay posturas de adoración o silencio en la Misa. Los himnos que la Iglesia canta durante la Eucaristía pueden hablar de los elementos eucarísticos como mero pan y vino. Una parroquia que reconoce teóricamente la doctrina de la presencia real puede, sin embargo, celebrar la Sagrada Liturgia de tal manera que proclame funcionalmente: "Al infierno con ella".

La falta de reverencia eucarística está relacionada con un malentendido que se ha extendido entre liturgistas, clérigos, teólogos y catequistas. Muchos afirman que la Eucaristía está hecha para comer y no para adorar. De hecho, recibir la Eucaristía a través de la comunión está en el corazón de la Misa. El *Catecismo de la Iglesia Católica* describe el sacrificio eucarístico de la Misa como "totalmente orientado a la unión íntima de los fieles con Cristo por la comunión" (*CIC* 1382). Es justo defender la dimensión de comida del sacrificio.

Pero la adoración al Santísimo Sacramento, adorar la presencia de Cristo, puede existir junto a la comunión. Incluso los signos de la Eucaristía, como el pan y el vino, invitan a este acto de adoración contemplativa. Acerquémonos primero a la Eucaristía bajo su apariencia de pan y vino. ¿Quién se atrevería a decir que el pan está hecho sólo para ser comido y no para ser mirado o admirado? Al entrar en una panadería francesa, ¿no se admira la apariencia de una baguette y el oficio del panadero? Nuestro encuentro con el vino también está lleno de gratitud. ¿Quién dice que el vino es sólo para consumir? ¿Los estudiantes universitarios bebiendo Franzia en una fiesta el viernes por la noche? El vino también forma parte de la fiesta y, por tanto, posee un significado que va más allá de su consumo: es una fuente de asombro y deleite para la persona humana. Como profesa elocuentemente el Salmo 104 sobre el don de Dios del pan, el aceite y el vino: "Haces brotar la hierba para el ganado y las plantas que el hombre cultiva, para sacar de la tierra el pan y el vino que alegra el corazón del hombre, para que él haga brillar su rostro con el aceite y el pan reconforte su corazón" (Sal 104:14–15). La mera visión del trigo, la fruta, el pan, el vino y el aceite es una invitación a dar las gracias.

Pero la Eucaristía no se reduce a sus especies. El pan y el vino se han convertido en el Cuerpo y la Sangre de Cristo y, por tanto, en la presencia personal del Señor. Puesto que la Eucaristía es un encuentro con un Dios personal, sería monstruoso decir que los elementos son exclusivamente para comer. Imaginemos que yo tratara a mi esposa del mismo modo, reduciéndola a una única función específica para *mí*: "Mi mujer me ayuda en las tareas domésticas básicas, y no es para mirarla con gratitud". O peor aún: "Mi mujer es mi compañera sexual, y no necesito pasar tiempo en su presencia fuera del acto sexual. El matrimonio es para el sexo, no para la amistad".

La Eucaristía es una presencia personal más parecida a una relación conyugal. Hay que mantener la intimidad de la unión que es posible al comer y beber el Cuerpo y la Sangre de Cristo. La presencia real se hace más *real*, la comunión se hace *más íntima*, cuando pasamos tiempo en gratitud ante el Redentor del mundo. La Eucaristía es para comer y para adorar, para consumir y para contemplar. Es esta doble función de la Eucaristía la que nos permite hacer un verdadero asentimiento a la presencia real. Doctrina y reverencia van juntas.

UNA FALSA DICOTOMÍA

El último obstáculo a tratar es una falsa dicotomía entre la reverencia eucarística y el reconocimiento de la presencia de Cristo en los pobres. Hoy en día, muchos—como el padre Reese—señalan que la Eucaristía debería tratar más de nuestra transformación en la presencia de Cristo en el mundo que de obsesionarnos con la presencia de Jesús en las especies eucarísticas. Aquí hay algo de verdad. Como veremos en el capítulo 3, San Agustín destaca el modo en que la presencia eucarística está vinculada a la transformación de la Iglesia en el Cuerpo y la Sangre de Cristo. Recibir la Eucaristía con fruto es convertirse en lo que recibimos, el sacrificio de Cristo ofrecido para la renovación del mundo.

Pero, ¿cómo se produce esa transformación si la Eucaristía no es el Cuerpo y la Sangre de Cristo? En el capítulo 5, nos centraremos en los adoradores eucarísticos (algunos canonizados, otros que pueden estar en camino) que reconocieron la íntima unión entre la presencia personal de Cristo en la Eucaristía y una vida de justicia y caridad. Para estos adoradores, la Eucaristía no es un juego de suma cero: o Cristo está presente bajo las especies de pan y vino, o Cristo está presente en la asamblea. Por el contrario, es el amor total de entrega del Señor eucarístico lo que hace posible la transformación tanto de la asamblea como de cada uno de los católicos. Nuestra pertenencia a este cuerpo, la transformación de nuestras vidas en un sacrificio de amor y, por tanto, la capacidad de percibir la presencia de Cristo entre los hombres y mujeres pobres no es el resultado de nuestra propia ingenuidad y esfuerzo. Es un don previo, que toma los elementos creados del pan y del vino y los transubstancia en la presencia del Señor. La transubstanciación eucarística nos revela lo que podemos llegar a ser como criaturas, cada dimensión de nuestra carne y de nuestra sangre, de nuestra historia y de nuestra sociedad, está destinada a ser asumida en el misterio del amor divino. Por eso, el papa Benedicto XVI, en su encíclica *Dios es amor,* declaró que "una Eucaristía que no pasa a la práctica concreta del amor está intrínsecamente fragmentada" (*Deus caritas est* 14). La Eucaristía es esa presencia única y sustancial que nos permite percibir el don de Cristo disponible en las otras presencias, en las Escrituras y especialmente en las marginadas de nuestra sociedad.

La reverencia eucarística, por tanto, está estrechamente relacionada con nuestro reconocimiento de Cristo presente en los pobres. A través de la transformación sustancial del pan y el vino en el Cuerpo y la Sangre de Cristo, cada uno de nosotros es invitado a reconocer, como comprendió san Francisco de Asís, su propia pobreza ante Dios. Cuanto más pobres nos veamos a nosotros mismos, recibiendo todas las cosas sólo de Dios, más podremos entregar nuestras vidas por amor.

CONCLUSIÓN

El propósito de este capítulo era despejar el camino para una meditación más profunda sobre las doctrinas de la presencia real y la transubstanciación. Sabemos ahora que las doctrinas no son una explicación física o técnica de lo que sucede en la consagración en la Misa. También sabemos que la comprensión de la doctrina debe ir unida a la reverencia al Santísimo Sacramento. Por último, hemos despejado el camino para un relato de la Eucaristía que no establezca una competición entre la presencia de Cristo en el Santísimo Sacramento y en los pobres. Una vez trazado el camino, podemos pensar fructíferamente en las doctrinas eucarísticas como propuestas de un modo de florecimiento humano.

2.

PRESENCIA REAL EN LAS ESCRITURAS

Cada año, en las ciudades medievales inglesas como York, la fiesta del Corpus Christi se celebraba con la representación de un ciclo de obras teatrales por toda la ciudad. Se podría suponer que estas obras abordaban directamente el tema de la presencia eucarística, pero los lectores contemporáneos de estas obras a menudo se sorprenden al ver lo contrario. La mayoría de las obras tienen poco que ver con la Eucaristía y, en cambio, narran la historia de la salvación desde la caída de los ángeles hasta el Juicio Final.[1] Estas obras, llamadas "misterios", presentaban ante los ojos de cada ciudadano de la ciudad la presencia salvífica de Dios en el tiempo.[2] Los dramas mostraban cómo todo el espacio ha sido transformado a través de la redención en Jesucristo. Las obras eran representadas por ciudadanos de la ciudad, lo que permitía al espectador ver al prójimo como un personaje más en el drama de la salvación.

Este es un punto importante. Las representaciones del misterio eucarístico no consisten en enseñar la doctrina de la transubstanciación, como solemos hacer en la fiesta del Corpus Christi, sino en celebrar el don de la presencia de Dios en la historia. La doctrina de la presencia real—utilizada por primera vez como término en 1264 en la bula del papa Urbano IV en la que se pedía el establecimiento de la fiesta del Corpus Christi—no es una explicación técnica relacionada con el cambio del pan y el vino en Cuerpo y Sangre. Más bien, como describe Urbano IV, esta doctrina y la fiesta del Corpus Christi celebran "el memorial más dulce en el que conseguimos el apoyo para nuestra vida y nuestra salvación. Este es el memorial más dulce y salvífico en el que recordamos con gratitud la memoria de nuestra redención . . . el memorial en el que alcanzamos la Presencia corpórea del Salvador mismo".[3] La presencia real tiene que ver con la comunión íntima de Dios con los hombres. Es una doctrina relacionada con la memoria de la Iglesia—un memorial—de lo que el Padre ha realizado en la historia mediante el sacrificio de amor otorgado por el Hijo y disponible ahora mediante el don del Espíritu.

Este capítulo presenta momentos esenciales de la presencia de Dios ante los hombres y mujeres en las Escrituras. La salvación, a lo largo de las Escrituras, está vinculada a la presencia de Dios, primero entre Israel y después entre todas las naciones. Dios habita entre los hombres y las mujeres, manifestando una gloria que ningún ser humano podría concebir. La gloriosa presencia divina nos invita como seres humanos a estar presentes como adoradores ante Dios. Esta presencia ante Dios, como don recibido y don devuelto, hace a los seres humanos capaces de comunión entre sí.

LA PRESENCIA DE DIOS EN EL ANTIGUO TESTAMENTO

Cuando hablamos de la presencia de Dios, ¿a qué nos referimos? A algunos les viene a la mente la imagen mítica de un hombre barbudo, rodeado de nubes, que de vez en cuando desciende de las alturas para intervenir en la historia. Otros pueden evocar una presencia parecida al Dios de los filósofos. Dios no es sólo el bien, sino la Bondad misma, no sólo la verdad, sino la Verdad misma, no sólo el amor, sino el Amor mismo. Esto se acerca más a lo que los cristianos creen de Dios. Pero el problema es que muchos de estos filósofos creían que la comunión con Dios se lograba abandonando la creación para entrar en la presencia de Dios. Otros, sobre todo los que somos modernos, vemos la presencia de Dios en momentos de poderosa experiencia en nuestras vidas. Cuando nos encontramos rodeados de la belleza del mundo natural, cuando experimentamos el nacimiento de un hijo y cuando nos enamoramos, *sentimos* la presencia de Dios.

El Dios que se manifiesta en las Sagradas Escrituras no es mítico, conocido aparte de la creación, ni reducible a la experiencia humana. De hecho, en el libro del Éxodo hay momentos de teofanía en los que Dios se revela a Moisés como un "misterio tremendo y fascinante".[4] que contemplar. Pero el propósito de estas teofanías es revelar una idea más fundamental sobre el Dios de Abraham, de Isaac y de Jacob. El poder trascendente de Dios se manifiesta a través de una presencia personal en la historia, que culmina para los cristianos en el Cordero una vez inmolado. Conocer la historia completa de esta presencia, tanto en el Antiguo como en el Nuevo Testamento, nos permite apreciar mejor las raíces de las doctrinas eucarísticas.

Una de estas teofanías del Antiguo Testamento tiene lugar en el monte Horeb, en el libro del Éxodo. Mientras cuidaba ovejas, Moisés ve una zarza ardiente que permanece sin consumirse. Esta maravillosa visión llama la atención de Moisés. Contempla la zarza ardiente, inspeccionándola como un espectáculo digno de contemplar. Con la atención puesta en la zarza, Moisés oye una voz. La voz desconocida anuncia a Moisés que no se acerque más y que se quite los zapatos "porque el suelo que estás pisando es una tierra santa" (Ex 3:5). El lector espera una nueva manifestación del poder divino, una explosión de gloria. En lugar de ello, Dios pronuncia una palabra anunciando quién es Dios: "Yo soy el Dios de tu padre, el Dios de Abraham, el Dios de Isaac y el Dios de Jacob" (Ex 3:6). Sólo ahora reconoce Moisés en presencia de quién se encuentra. Se tapa la cara, temeroso de contemplar el rostro de Dios.

Lo que se revela en esta teofanía no es un poder divino lejano. Por el contrario, la trascendencia de Dios se anuncia a través de su intervención en el sufrimiento de Israel. Es el Dios que pactó con Abraham y que ahora ha escuchado los gritos de Israel en busca de la liberación de su esclavitud. Dios viene a habitar entre su Pueblo Elegido, a rescatarlo del cautiverio y a darle una tierra donde pueda ser su propio pueblo. Incluso la revelación del nombre divino en el Éxodo, "Yo soy el que soy" (Ex 3:14), manifiesta a un Dios que es para los demás. Israel no puede pronunciar este nombre porque es más sagrado que el suelo que pisaba Moisés. A diferencia de todos los demás dioses que Israel podía adorar, Dios *es*. Y este Dios está *ahí* especialmente para Israel. Como escribe el teólogo católico Louis Bouyer, "La trascendencia del Dios de la Biblia . . . lejos de vaciarle de realidad y situarle en una estratosfera de indiferencia e inactividad, hace de él el Todopoderoso y el Todoamoroso. Se revela en acto como Creador y Padre".[5] La fuente de la trascendencia de Dios es el don de la presencia.

El libro del Éxodo es un relato de la presencia divina y, por tanto, de la intervención de Dios en la historia de un pueblo. Establece el modelo de lo que sucederá más tarde, cuando Israel se convierta en una nación, sustituya a Dios por un gobernante terrenal, construya un Templo, obtenga la Ley de Dios, sufra la pérdida de la presencia divina con la destrucción de este Templo y espere la restauración de esta presencia divina a través del Mesías venidero. Por esta razón, el libro del Éxodo es fundamental para comprender la presencia eucarística en el Nuevo Testamento.

Dios libera a Israel de su esclavitud mediante la celebración de la primera Pascua, cuando el ángel del Señor pasó sobre Egipto salvando al primogénito de todos los que marcaron su puerta con la sangre de un cordero (véase Ex 13:3–10). Esta comida es un signo permanente de la intervención histórica de Dios en Israel, que se recordará para siempre. Además, Israel es acompañado fuera de Egipto con una nube de día y una columna de fuego de noche (véase Ex 13:2). La tradición rabínica afirmaba que Israel no sólo percibió esta nube y este fuego, sino que también vio la mano misma de Dios en este fuego.[6]

La cualidad personal de esta presencia se revela en lo que Dios hace por Israel en el desierto. El Señor alimenta a Israel, dándole maná del cielo después de que se quejaran a Moisés de su hambre (Ex 16:3). Cada día, Israel no debe tomar de este pan celestial más de lo que necesita para un solo día. Dios enseña a Israel lo que significa confiar en su presencia divina. En el don del maná, la primera enfermedad de la humanidad es tratada por un Dios misericordioso. Si Adán y Eva cayeron al comer del árbol de la ciencia del bien y del mal, al dudar de la bondad de Dios, Israel se cura ahora mediante el acto saludable y obediente de comer el maná y dar gracias a Dios por este pan de los ángeles.

El don de la Ley es también parte del don de la presencia personal de Dios a Israel. En Éxodo 20, el monte Sinaí está cubierto de humo, envuelto en fuego y retumbando con truenos. Sólo Moisés puede subir al monte Sinaí, donde recibe de Dios la Ley, incluidos los Diez Mandamientos. Un comentarista rabínico escribe sobre este momento del Éxodo: "Dios debió de inclinar las partes más altas del cielo hasta [tocar] la cima de la montaña y luego habló con ellos allí ¡desde los cielos! Y así está escrito: 'Y dobló los cielos y descendió, y hubo tinieblas bajo sus pies' [Sal 18:10]".[7] El pueblo de Israel es entonces rociado con sangre.

Mediante este derramamiento de sangre sacrificial y la comida que lo acompaña, Israel entra en comunión con Dios. Este don de la alianza sellada con sangre se hace tangible: la Palabra de Dios se inscribe en tablas de piedra (véase Éxodo 24:12). La Ley que desciende del cielo se entiende como la Torá celestial. La Ley no es sólo la voluntad de Dios, sino una especie de sacramento del cielo. Según los rabinos, la Ley media la presencia personal de Dios, preparando a Israel para que un día participe de la enseñanza de Dios en el cielo.[8]

Tanto el maná como la Ley son "sacramentos" de la presencia personal de Dios. Sin embargo, Dios quiere morar aún más íntimamente con Israel. Moisés recibe instrucciones de construir un tabernáculo. Esta tienda o morada de la presencia de Dios acompañará a Israel en su peregrinación por el desierto hasta la Tierra Prometida, que mana leche y miel. Al igual que la Torá, el tabernáculo tiene un modelo celestial.[9] La presencia de Dios en la tierra, inspirada en el Templo celestial, se conoce como la *Shekinah,* palabra hebrea que significa "morada" o "tienda". En esta Tienda de la Presencia está el Arca de la Alianza, que contendrá las Tablas de la Ley, así como el Pan de la Presencia, un memorial del maná del cielo. Encima del arca está el propiciatorio, la tapa donde se ofrecerán los sacrificios. Encima del propiciatorio hay dos esculturas de ángeles de oro: "Ellos tendrán las alas extendidas hacia arriba, cubriendo con ellas la tapa; y estarán uno frente a otro, con sus rostros vueltos hacia ella" (Ex 25:20). Dios hablará a Moisés desde entre los dos ángeles, por encima del propiciatorio del Arca de la Alianza que contiene la Ley y el Pan de la Presencia. Tanto el Arca de la Alianza como la Tienda de la Presencia son portátiles, y van dondequiera que vaya Israel.

Aunque Dios se hace más íntimamente presente a Israel a lo largo del libro del Éxodo, no ocurre lo mismo con el pueblo elegido. A menudo, este pueblo incipiente debe aprender dolorosamente lo que significa estar presente ante Dios. Mientras Moisés recibe instrucciones de Dios para construir la Tienda de la Presencia, Israel está construyendo un becerro de oro para su culto (véase Ex 32:6). El mismo oro que debería haberse utilizado para construir el tabernáculo y el Arca de la Alianza fue consagrado a un ídolo. Aarón, el hermano de Moisés, presenta este becerro al pueblo anunciando: "Este es tu Dios, Israel, el que te hizo salir de Egipto" (Ex 32:8). Israel no ha olvidado que ha sido rescatado de la esclavitud. El verdadero problema de Israel es que no puede controlar la presencia divina. Israel quiere poseer a Dios, y si Dios no se lo permite, entonces Israel creará su propio dios al que pueda llevar de un lado a otro.

Pero la *Shekinah*, o presencia divina, no puede poseerse. Viene como un puro don, como todo amor. Como escribe el padre Louis Bouyer:

> No había posibilidad de encerrarlo, de tenerlo a su disposición, menos aún a su merced. . . . La Shekinah, que descendía por voluntad propia sobre la tienda móvil "del encuentro" . . . era siempre capaz de retirarse inesperadamente, mientras conducía más lejos en el desierto a los que deseaban permanecerle fieles.[10]

El pecado fundamental de Israel—y en realidad el de todos— es el deseo de poseer y controlar a Dios. En este deseo mal dirigido, hay un olvido intencionado de quién es Dios. Porque Dios es don, la presencia divina sólo se da en la libertad y el amor.

Esta es la dura lección que se aprende a lo largo del Antiguo Testamento. Incluso los reyes de Israel, elegidos por Dios mismo, olvidan que la presencia de Dios es un don que hay que recibir y no un objeto que hay que controlar. La construcción del Templo es un momento agridulce, porque ahora Israel puede empezar a imaginar que controla a Dios. La construcción del Templo viene acompañada de una advertencia. Como dice Bouyer: "Pero que el hombre no tenga, por todo esto, la escandalosa presunción de intentar apoderarse de él, de capturarlo para encerrarlo en su propio sistema político, de convertirlo en un engranaje obediente de una máquina para dominar un mundo en el que el hombre mismo es el único amo".[11] El control de Dios está ligado al ansia de dominación que habita en todos los corazones humanos y en el imperio de este mundo.

¿No es ésta la tragedia contra la que claman los profetas en el Antiguo Testamento? En el libro de Amós, el profeta pronuncia la Palabra del Señor contra Israel que:

> se tienden sobre ropas tomadas en prenda,
>   al lado de cualquier altar,
> y beben en la Casa de su Dios
>   el vino confiscado injustamente. (Am 2:8)

En lugar de acordarse de la viuda, el huérfano y el emigrante, como exige la Ley, Israel se ha aprovechado de los pobres. En este acto de injusticia, han olvidado al Dios que se acordó de ellos en su sufrimiento en Egipto. Y aún así, se acercan al Santo de los santos, que contenía el Arca de la Alianza, adorando en presencia del Dios que hizo los cielos y la tierra. El Día del Juicio, para Israel, será el día en que Dios ya no acepte el sacrificio engañoso en el altar, regalos destinados a apaciguar en lugar de agradecer:

> Aleja de mí el bullicio de tus cantos,
>   no quiero oír el sonido de tus arpas.
> Que el derecho corra como el agua,

> y la justicia como un torrente inagotable. (Am
> 5:23–24)

Tal manipulación de Dios, olvidando el don de la presencia de Dios por el mal uso del culto del Templo y la injusticia contra el prójimo, conduce a la salida de la Shekinah divina del Templo. Cuando el Templo es destruido en 586 a.C. por Babilonia, la presencia de Dios desaparece. Lo oímos en el profeta Ezequiel:

> La gloria del Señor salió de encima del umbral de la Casa y se detuvo sobre los querubines. Al salir, los querubines desplegaron sus alas y se elevaron del suelo, ante mis propios ojos, y las ruedas lo hicieron al mismo tiempo. Ellos se detuvieron a la entrada de la puerta oriental de la Casa de Señor, y la gloria del Dios de Israel estaba sobre ellos, en lo alto. (Ez 10:18–19)

Israel no percibe en esta destrucción más que la ausencia divina. El Salmo 137 conmemora este momento, cuando los hijos e hijas exiliados de Israel son escarnecidos por sus captores, que les dicen: "Canten para nosotros un canto de Sión" (Sal 137:3). Cantad uno de los cánticos del Templo, los himnos de alabanza que cantabais a un Dios que ya no existe. La presencia de Dios, que irradiaba desde el Lugar Santísimo, santificando el edificio del Templo con la gloria divina, ha desaparecido.[12]

La experiencia de la ausencia de la presencia divina lleva al profeta Ezequiel a su visión de los huesos secos. Sin el Espíritu de Dios en Israel, sólo hay el polvo de la muerte. Pero Ezequiel ve esperanza. El aliento de Dios—presente una vez más en Israel, como creó a Adán en el Jardín del Edén—infundirá vida a estos huesos secos de Israel. Ezequiel tiene una visión del Templo reconstruido, la gloria del Señor vuelve al Lugar Santísimo. Dios no ha olvidado a Israel, el sufrimiento del pueblo elegido. Como señala el padre Bouyer,

> Jerusalén será reconstruida y el pueblo volverá a entrar en ella. Reconstruirán el santuario y el santuario nunca será profanado. Porque es a un pueblo transformado por el sufrimiento al que una Presencia que se transfigura se dará a sí misma en un resplandor de luz vivificante que ya no conocerá el invierno ni la tarde.[13]

A través del sufrimiento, Israel ha aprendido una vez más una postura de gratitud. El regreso del Templo significará el fin de los sacrilegios. La Ley será el deleite del corazón. Todas las naciones adorarán la presencia de Dios cuando se reconstruya el Templo. Dios estará presente ahora no a toda la raza humana, morando juntos en unidad en el Monte Sión.

Lamentablemente, la pauta de olvido y búsqueda de poder al margen de Dios continuó incluso después del regreso del exilio. El Templo se reconstruye, pero nunca llega a ser tan glorioso como antes del cautiverio babilónico.[14] Israel rompe una vez más el pacto con Dios y se alía con otras naciones, como se narra crudamente en los libros macabeos. Israel es conquistado por los persas, los griegos y, finalmente, los romanos, que destruirán el Segundo Templo en el año 70 d.C.

Uno o dos siglos antes del nacimiento de Cristo, Israel comienza a esperar un nuevo tipo de presencia. Un rey piadoso será enviado desde el cielo y traerá la paz a todas las naciones, restaurará la tierra y reconstruirá el Templo. Esta figura real divina se llama el "hijo del hombre". Lo oímos en el libro de Daniel:

> Yo estaba mirando,
> en las visiones nocturnas,

> y vi que venía sobre las nubes del cielo
>> como un Hijo de hombre;
> él avanzó hacia el Anciano
>> y lo hicieron acercar hasta él.
> Y le fue dado el dominio,
>> la gloria y el reino,
> y lo sirvieron todos los pueblos,
>> naciones y lenguas.
> Su dominio es un dominio eterno
>> que no pasará,
> y su reino
>> no será destruido. (Dn 7:13–14)

El Antiguo Testamento concluye con el anhelo de la presencia de un rey celestial, que erigirá un reino donde Dios será todo en todos.

LA PRESENCIA DE DIOS EN EL NUEVO TESTAMENTO

Las primeras palabras del Evangelio de Marcos anuncian la llegada de un protagonista que ha venido a realizar la esperanza de Israel: "Comienzo de la Buena Noticia de Jesús, Mesías, Hijo de Dios" (Mc 1:1). Aunque la palabra *evangelio* significa para nosotros un género de libro bíblico, para los primeros cristianos evangelio es el lenguaje de la liberación. Dios ha venido en Jesucristo a traer la Buena Nueva de que el reino de Dios, la victoria final, ha llegado. La obra inacabada del éxodo va a completarse en la persona de Jesucristo. Marcos comparte este pronunciamiento con Mateo y Lucas, que lo revelan a su manera. En Mateo, la natividad de Jesucristo presenta el advenimiento del gran rey, el Mesías, que viene a reunir a todas las naciones. Es adorado por los sabios de las naciones de oriente (véase Mateo 2:10–12). A continuación, Jesús y su familia descienden a Egipto antes de regresar para habitar de nuevo en la Tierra Prometida, la historia de la redención de Israel representada en su estancia forzada (véase Mateo 2:13–23). En Lucas, la natividad de Jesús va acompañada de cantos de alabanza, porque en estos últimos días, Dios actuará de una vez por todas mediante el nacimiento de Jesús, la aurora de lo alto (véase Lucas 1:78).

En el Evangelio de Juan, la presencia divina es aún más pronunciada. Juan comienza con un prólogo:

> Al principio existía la Palabra, y la Palabra estaba junto a Dios, y la Palabra era Dios. Al principio estaba junto a Dios. Todas las cosas fueron hechas por medio de la Palabra y sin ella no se hizo nada de todo lo que existe. En ella estaba la vida, y la vida era la luz de los hombres. La luz brilla en las tinieblas, y las tinieblas no la percibieron. (Jn 1:1–5)

El evangelista nos lleva al momento de la creación, cuando Dios pronunció una palabra pacífica y creó el mundo. Todo lo que existe se sustenta en la presencia de este *Logos*, o Verbo. La Palabra es esa sabiduría de Dios que ha iluminado a los hombres para ver el mundo como un don. El mundo tiene una razón, un orden, un sentido, y todo ello es don de Dios.

Pero el prólogo es consciente de que nuestro reconocimiento de esta presencia se ha visto comprometido por las tinieblas del pecado. La oscuridad es aquello que no puede percibir la luz. Juan el Bautista, martirizado por el rey Herodes, ocupa el centro del prólogo de Juan, el profeta que llega al final de los días para anunciar la entrada del Cordero de Dios.

El prólogo alcanza su cenit confesando: "Y la Palabra se hizo carne y habitó entre nosotros. Y nosotros hemos visto su gloria, la gloria que recibe del Padre como Hijo único, lleno de gracia y de verdad" (Jn 1:14). El Verbo que creó todo y sostiene el mundo en un acto de amor se ha hecho carne y sangre en Jesucristo. Habita entre nosotros como una persona. Juan retoma el lenguaje de la Shekinah de Dios en el verbo "habitar". El Verbo ha levantado una tienda entre los hombres por medio de la carne de Cristo. Es a través de la carne y la sangre de Jesús como llegamos a reconocer la plenitud de la gracia y la verdad. La presencia de Dios ha llegado, y ahora tiene un nombre: Jesús.

Los evangelios revelan a los cristianos la presencia de Dios en Jesucristo. El reino se anuncia a través de parábolas y enseñanzas, de la curación de los enfermos, de los milagros y de las comidas compartidas con los pecadores. Estas comidas forman parte del advenimiento del reino de Dios, la presencia de Dios habitando entre los mortales. En Lucas, Jesús está a la mesa con los fariseos, y una mujer entra en la casa para ungirle los pies con ungüento, para lavárselos con sus lágrimas. Simón, el fariseo, reprende a Jesús: si Jesús hubiera sabido quién era esa mujer, no habría dejado que le tocara. Pero en el contexto de esta comida, Jesús anuncia que su amor la ha salvado: "Por eso te digo que sus pecados, sus numerosos pecados, le han sido perdonados porque ha demostrado mucho amor. Pero aquel a quien se le perdona poco, demuestra poco amor" (Lc 7:47). Las fiestas mesiánicas prometidas por los profetas del Antiguo Testamento se han cumplido en Cristo. Él reúne a todos en torno a sí, invitando a todo hombre y mujer a participar en el reino de Dios.[15]

No debemos pasar por alto rápidamente el hecho de que Jesús alimentara a la gente. Al fin y al cabo, Dios alimentó a Israel con el maná en el desierto. La multiplicación de los panes y los peces, uno de los pocos milagros que se producen en todos los evangelios, apunta a la presencia de Dios revelada a través de Cristo. Y Jesús ha venido a formar un nuevo pueblo, una vez más en el desierto.

En Marcos, la multiplicación de los panes y los peces ocurre dos veces. En Marcos 6:30–44, Jesús da de comer a cinco mil personas y le quedan doce cestas; y en Marcos 8:1–10, Jesús da de comer a cuatro mil personas y le quedan siete cestas. El Evangelio de Marcos presenta este milagro como eucarístico. Jesús toma pan, lo bendice, lo parte y lo da a los hambrientos reunidos en el desierto. Se utilizan los mismos verbos de la Última Cena. El relato detallado del número de cestas que quedan después de los milagros está vinculado a la misión universal que Jesús ha venido a promulgar. El primer milagro tiene lugar en Israel, el segundo ocurre entre los gentiles. En el primero, sobran doce cestos que representan a las doce tribus. En el segundo, hay siete cestos que representan a las naciones gentiles.[16] Jesús en Marcos está rehaciendo el don del maná en el desierto. Este don se ofrece ahora tanto a judíos como a gentiles. Todos están invitados a participar del maná del cielo, a ser alimentados por la mano de Dios.

En el Evangelio de Juan, Jesús comenta la multiplicación de los panes y los peces. Después de realizar esta señal, Jesús habla al día siguiente sobre lo que hizo. Promete un pan que nunca se pudrirá y que les sustentará para siempre. Naturalmente, la multitud pide este pan celestial. Ayer comieron pan y ya tienen hambre. La multitud supone que Jesús debe estar hablando de otro tipo de pan, algo aún mejor que el que repartió ayer. Jesús dice a la multitud: "Yo soy el pan de Vida. El que viene a mí jamás tendrá hambre; el que cree en mí jamás tendrá sed" (Jn 6:35). Creer que Cristo es el Verbo hecho carne es recibir este pan celestial. Y, sin embargo, parece increíble. La multitud reunida conoce a su madre y a su padre. Murmuran, como hizo Israel una vez en el desierto. Jesús les interrumpe. Él es el pan de vida. Los que comían maná morían, pero los que se alimentan de la sabiduría de Dios vivirán para siempre. El pan que Jesús dará, para la vida del mundo, es su carne.

La multitud empieza a discutir con Jesús. ¿Cómo puede este hombre dar a comer su carne? Es una idea repugnante. El consumo de carne humana es ilícito para un justo hijo de Israel y despreciable para los romanos. Jesús no se echa atrás:

> Les aseguro que si no comen la carne del Hijo del hombre y no beben su sangre, no tendrán Vida en ustedes. El que come mi carne y bebe mi sangre tiene Vida eterna, y yo lo resucitaré en el último día. Porque mi carne es la verdadera comida y mi sangre, la verdadera bebida. El que come mi carne y bebe mi sangre permanece en mí y yo en él. Así como yo, que he sido enviado por el Padre que tiene Vida, vivo por el Padre, de la misma manera, el que me come vivirá por mí. (Jn 6:53–57)

Comer su carne y su sangre es vital para permanecer en Cristo y, por tanto, en Dios. El pan de vida, que es el Verbo hecho carne, debe ser consumido, comido, incluso masticado con los propios dientes. Lo que se promete en Juan es otro tipo de presencia, una unión con Dios que supera incluso el culto del Templo.

La gloria de esta presencia no se ve en una columna de nube y fuego, sino en la carne de Cristo crucificado en la Cruz. Marcos revela crudamente a lo largo de dieciséis capítulos que el Hijo del hombre "debía sufrir mucho y ser rechazado por los ancianos, los sumos sacerdotes y los escribas; que debía ser condenado a muerte y resucitar después de tres días" (Mc 8:31). Quien quiera permanecer en la presencia de Cristo debe "renuncie a sí mismo, que cargue con su cruz y me siga" (Mc 8:34). La salvación no llega a través de la posesión, sino renunciando a todo, incluso a la propia vida.

En la misma noche en que Israel recuerda el poder salvífico de Dios que lo liberó de Egipto, en la noche antes de que Jesús sufriera a manos de hombres y mujeres pecadores, Cristo comparte una cena pascual con sus discípulos. En Marcos, escuchamos:

> Mientras comían, Jesús tomo el pan, pronunció la bendición, lo partió y lo dio a sus discípulos, diciendo: "Tomen, esto es mi Cuerpo" Después tomó una copa, dio gracias y se la entregó, y todos bebieron de ella. Y les dijo: "Esta es mi Sangre, la Sangre de la Alianza, que se derrama por muchos. Les aseguro que no beberá más del fruto de la vid hasta el día en que beba el vino nuevo en el Reino de Dios". (Mc 14:22–25)

Jesús había compartido otras comidas con sus discípulos. En esta comida, evoca el lenguaje de la alianza, del don de la presencia de Dios a su pueblo. Pero ahora promete una nueva alianza sellada con su sangre.

Marcos no es el único que recuerda estas palabras. Las palabras eucarísticas de institución se recogen cuatro veces en el Nuevo Testamento (en Marcos, Mateo y Lucas y en Pablo). El Evangelio de Lucas, aunque incluye una segunda bendición del cáliz, introduce la exhortación "Hagan esto en memoria mía" (Lc 22:19). Por San Pablo, que tiene mucho en común con Lucas, sabemos que los primeros cristianos celebraban esta comida en recuerdo de la muerte y resurrección de Jesús. Pablo declara haber recibido del Señor las palabras de la Última Cena, transmitiéndolas a los cristianos de Corinto. Resumiendo el significado de estas palabras, Pablo declara: "Y así, siempre que coman este pan y beban esta copa, proclamarán la muerte del Señor hasta que él vuelva" (1 Cor

11:26). La Última Cena es el modo en que los cristianos recuerdan la muerte y resurrección del Señor.

La celebración de la Eucaristía, en memoria de la Última Cena, es un hacer presente la muerte del Señor. Lo que Jesús hace en la Última Cena revela lo que Pablo quiere decir. Jesús toma pan y vino, anunciando que son su Cuerpo y su Sangre. El pan pascual que da es su Cuerpo. Es él mismo, ofrecido. Comentando este don de sí mismo a través del pan, Joseph Ratzinger escribe: "Su vida le será arrebatada en la Cruz, pero aquí ya la está entregando. Lo mismo sucede con la nueva alianza que Jesús promete en su propia sangre".[17] La sangre evoca el lenguaje del sacrificio, que fue rociado sobre Israel al pie del monte Sinaí, en presencia de Dios. Y ahora la sangre de Cristo, derramada en la Cruz, es el sacrificio definitivo ofrecido y aceptado por Dios. De nuevo, escribe Ratzinger:

> "Su sangre", es decir, la entrega total de sí mismo, en la que sufre hasta el final toda pecaminosidad humana y repara toda falta de fidelidad con su fidelidad incondicional. Este es el nuevo culto, que Él establece en la Última Cena, atrayendo a la humanidad a su obediencia vicaria. Nuestra participación en el cuerpo y la sangre de Cristo indica que su acción es "para muchos", para nosotros, y que somos atraídos a los "muchos" a través del sacramento.[18]

La presencia de Dios como amoroso redentor se revela en la sangre derramada en la Cruz. Esta sangre es un signo tangible de la presencia de Dios en la historia humana. Su sangre se derrama con violencia. La historia está llena de violencia, en la que hombres y mujeres se niegan a reconocer la presencia de Dios. Y, sin embargo, como escuchamos en Juan, Jesús derrama esa sangre sobre la violenta Cruz insuflando el espíritu de vida sobre la nueva creación.

De su costado (Jn 19:34) brotaron sangre y agua, imagen tanto del bautismo como de la Eucaristía. La muerte y la resurrección de Jesús no son acontecimientos pasados, sino que permanecen presentes para nosotros, disponibles incluso después de su muerte, resurrección y ascensión al cielo.

Después de resucitar, Jesús se aparece a dos discípulos que caminan por la carretera de Emaús. Están desolados. Jesús ha muerto. No ven nada delante de ellos, sólo la oscuridad de la noche. Pero Jesús les interrumpe en su desolación, en esta confusa ausencia: ¡Hombres duros de entendimiento, cómo les cuesta creer todo lo que anunciaron los profetas! ¿No será necesario que el Mesías soportara esos sufrimientos para entrar en su gloria?" (Lc 24:25–26). Los discípulos se han aferrado a su propia interpretación de las Escrituras, incapaces de ver la presencia de Dios que habita en la muerte de su amado amigo Jesús. Y ahora es Jesús el único que puede iluminarlos. Cuando llegan a una aldea sin nombre, se sienten consolados. Invitan a Jesús a quedarse. Y mientras comparten la comida, "tomó el pan y pronunció la bendición; luego lo partió y se lo dio. Entonces los ojos de los discípulos se abrieron y lo reconocieron, pero él había desaparecido de su vista" (Lc 24:30–31). Fue en el ardor de sus corazones en el camino de Emaús y al partir el pan cuando los discípulos llegaron a reconocerle. El pan partido no era sólo una necesidad para poder compartirlo con todos. El pan partido era una imagen de la ruptura del cuerpo de Jesús y de la ruptura de la esperanza de todos los discípulos. Debían morir a esta desesperanza, salir del aislamiento, correr a Jerusalén y anunciar la Buena Nueva: "Ellos, por su parte, contaron lo que les había pasado en el camino y cómo lo habían reconocido al partir el pan" (Lc 24:35).

Mientras los discípulos, antaño desamparados, cuentan lo sucedido, pronunciando en voz alta un recuerdo, Jesús aparece de nuevo entre todos ellos. Vuelve a hacer lo que hizo con los discípulos de Emaús. Interpreta las Escrituras, revelando la presencia de Dios que actúa en la oscuridad del pecado y de la muerte. Y promete que los reunidos serán testigos de la presencia de este amor hasta los confines del mundo (Lc 24:48).

La Iglesia, llamada a conmemorar la Pasión de Cristo, se convierte así en el lugar no geográfico donde la presencia de Cristo es mediada al mundo. A diferencia de los evangelios sinópticos, en el Evangelio de Juan no hay una narración institucional que preceda a la Pasión. Sin embargo, la noche antes de morir, Jesús lava los pies a sus discípulos. Describe este lavatorio como un ejemplo dado a los discípulos. Y cuando Judas, el protagonista de la peor violencia, se marcha, Jesús dice: "Les doy un mandamiento nuevo: ámense los unos a los otros. Así como yo los he amado, ámense también ustedes los unos a los otros. En esto todos reconocerán que ustedes son mis discípulos: en el amor que se tengan los unos a los otros" (Jn 13:34–35). Este mandamiento nuevo está relacionado en el discurso de la Última Cena de Juan con el anuncio de Jesús como la vid verdadera. Habitar en esta vid—es decir, morar con Jesús—significa guardar los mandamientos, amar al prójimo como Jesús ha amado a los discípulos. La naturaleza de este amor, según Juan, es la disposición a dar la vida por el amigo. Permanecemos con Jesús en la medida en que amamos al prójimo, convirtiéndonos en amigos de Dios (véase Jn 15:14). Todo esto es posible gracias al don del Espíritu, la presencia misma de Dios que habita tanto en la Iglesia como en el corazón del hombre (Jn 14:17).

La Iglesia es, pues, la presencia de Cristo que habita en el mundo. Pero los miembros de la Iglesia no siempre viven de esta presencia, permaneciendo en comunión con Dios y con el prójimo. Hay abusos en la Iglesia, incluso relacionados con la celebración de la Eucaristía. Pablo escribe a la comunidad de Corinto: "Cuando se reúnen, lo que menos hacen es comer la Cena del Señor, porque apenas se sientan a la mesa, cada uno se apresura a comer su propia comida, y mientras uno pasa hambre, el otro se pone ebrio" (1 Cor 11:20–21). La iglesia de Corinto está tratando la Eucaristía como una fiesta para la juerga y la embriaguez, excluyendo al mismo tiempo a los pobres que no pueden permitirse participar en ella.

Este no es el único abuso entre los corintios. La comunidad de Corinto está comiendo y bebiendo la Eucaristía al mismo tiempo que consume carne obtenida de sacrificios paganos. Este acto de comer, según Pablo, es compartir la comunión con los demonios.[19] Y compartir esta comunión es volverse como lo que uno ha comido, volverse demoníaco. Pablo contrasta esta comunión con esa unión más profunda que comparten los cristianos en la Eucaristía: "La copa de bendición que bendecimos, ¿no es acaso comunión con la Sangre de Cristo? Y el pan que partimos, ¿no es comunión con el Cuerpo de Cristo?" (1 Cor 10:16). La palabra *participación* está vinculada en Pablo a tres aspectos: la unión efectuada al comer y beber el Cuerpo y la Sangre de Cristo, la unión personal "en Cristo" del creyente bautizado en la Iglesia, y la participación en la vida común de la Iglesia mediante la comunión amorosa.[20] La división se hace patente a través de una celebración eucarística en estado de embriaguez que excluye a los pobres. La fractura de la vida comunitaria se hace presente también a través de una competencia relacionada con los dones que han sido otorgados por el Espíritu. Pablo recuerda con urgencia a los corintios que son el cuerpo de Cristo. El cuerpo del cristiano es ahora el cuerpo de Cristo y, por tanto, el creyente debe ofrecer un culto espiritual (véase Rom 12:1) a través de su carne.[21]

El lenguaje del cuerpo de Cristo aplicado a la Iglesia está vinculado a la identidad de la Iglesia en la historia. La Iglesia no se define "por su situación geográfica o su pertenencia política, sino por su pertenencia común a Cristo (expresada visiblemente, sobre todo, en el bautismo y en la participación sacramental en el cuerpo)".[22] La Eucaristía, en Pablo, es por tanto el lugar privilegiado en el que el creyente se hace uno con Cristo y con la Iglesia. Mediante el lenguaje de la participación, Pablo da a entender una especie de presencia eucarística, la entrega de un alimento sobrenatural que une a los cristianos con Cristo y entre sí. Esta unión es posible gracias a la eficacia aún presente de la Sangre de Cristo.

La carta a los Hebreos presenta a Cristo crucificado y resucitado como el gran sumo sacerdote. En la Cruz, Jesús no hizo sino una única ofrenda que perfeccionará a los hombres para la eternidad. Pero, habiendo ascendido a la diestra del Padre, el gran sumo sacerdote está ahora en la presencia misma del Padre. El Dios-hombre se sienta con carne glorificada ante Dios, y es a través de esta carne que los bautizados entran en esta presencia: "tenemos plena seguridad de que podemos entrar en el Santuario por la sangre de Jesús, siguiendo el camino nuevo y viviente que él nos abrió a través del velo del Templo, que es su carne" (Heb 10:19–20).

La carne de Cristo es nuestra carne y, por tanto, de forma oculta, todos existimos ante la presencia de Dios en ese sacrificio. El sacrificio está a disposición de los creyentes a través de nuestra carne porque el gran sumo sacerdote ofrece su sangre ante el Padre por toda la eternidad. Los creyentes se reúnen en común para poder recordar, alabar y experimentar el fuego consumidor de Dios (véase Heb 12:28–29).

El libro del Apocalipsis ofrece una conclusión adecuada a nuestro debate sobre la presencia eucarística personal e íntima de Dios en el centro de la historia de la salvación. El Apocalipsis es un relato dramático de la presencia salvífica de Dios en la historia de la humanidad. La historia humana se caracteriza por la violencia y el ansia de dominio, un rechazo de la presencia amorosa de Dios. Y, sin embargo, esa negación de la presencia se encuentra con el amor permanente del Cordero de Dios, que es a la vez "digno" y "capaz" no sólo de simbolizar la participación de Dios, sino de serlo.[23] La violencia es derrotada no mediante otra muestra de poder empírico, sino mediante la presencia permanente del amor divino.

La liturgia del culto se despliega en alabanzas celestiales, aun cuando la violencia del mundo brama sus inútiles amenazas. Esta cruda separación podría llevarnos a suponer que la comunión con el Cordero exige dejar atrás todo lo material. Pero los últimos capítulos del Apocalipsis revelan que es el orden creado el que se convertirá en la ciudad celestial, el lugar de la presencia de Dios:

> Vi la Ciudad santa, la nueva Jerusalén, que descendía del cielo y venía de Dios, embellecida como una novia preparada para recibir a su esposo. Y oí una voz potente que decía desde el trono: "Esta es la morada de Dios entre los hombres: él habitará con ellos, ellos serán su pueblo, y el mismo Dios estará con ellos". (Ap 21:2–3)

La presencia de Dios se convertirá en esa realidad que lo define todo. La ciudad no tendrá necesidad de Templo ni de sol porque la gloria de Dios la habrá llenado hasta los topes (véase Ap 21:21–22).

El Nuevo Testamento concluye con una visión del cumplimiento de las promesas del Antiguo Testamento. Los mártires y los santos reunidos al pie del altar del Cordero una vez inmolado han amado hasta el extremo, han sometido su propia carne a la presencia de Cristo. Han participado en sus sufrimientos y participarán también en su gloria. En palabras de 1 Cor 15:28, Dios será todo en todos cuando todas las cosas de la creación estén sometidas a Jesús, que entrega su Cuerpo y su Sangre. La presencia eucarística de Dios lo cambia todo.

CONCLUSIÓN

Las Escrituras narran la presencia íntima del Dios que viene a habitar entre los mortales. Esta presencia personal comienza con Dios escuchando los gritos de Israel, lo que lleva a la formación de Israel como pueblo, el don de la Ley y el maná del cielo, el culto del Templo, el dolor de la ausencia y, finalmente, la esperanza de la restauración. En el Nuevo Testamento, se escucha cómo Jesús es la presencia misma de Dios hecha carne. La Eucaristía funciona como una forma de unir a los cristianos con el sacrificio de Cristo, así como de unirlos más profundamente entre sí. La riqueza de esta presencia prometida, de la unión con Dios hecha posible por Cristo, es precisamente lo que los Padres de la Iglesia recogen en su explicación de la Eucaristía.

3.

PRESENCIA REAL EN LA PATRÍSTICA

A partir de las semillas de la Sagrada Escritura, la doctrina de la presencia eucarística se desarrolla a lo largo de los primeros quinientos años de la Iglesia. El desarrollo doctrinal forma parte integrante de la comprensión de las enseñanzas fundamentales del catolicismo. Lo que está presente en las Escrituras es contemplado por la Iglesia. Esta contemplación da lugar a enseñanzas que permiten a los cristianos leer las Escrituras según la mente de la Iglesia. De este modo, la Tradición de la Iglesia se desarrolla a medida que peregrina a través de la historia. A su vez, la Tradición nos permite captar la "forma" de las Escrituras.

Este capítulo presenta el desarrollo de la presencia eucarística en la Iglesia primitiva hasta San Agustín. En la era apostólica del cristianismo, la Eucaristía se celebraba inicialmente en el contexto de una comida común. Hacia el siglo II o III, la Eucaristía se convirtió en un rito separado de esta comida.[1] Con esta separación, los Padres de la Iglesia comprendieron, a través de la contemplación orante de las Escrituras, que la Eucaristía es la presencia sacramental de Jesucristo, que requiere una reverencia de culto. El desarrollo de la doctrina de la presencia real como encuentro con la presencia personal de Cristo está vinculado a la realidad histórica del martirio, a la atención a la naturaleza material de la salvación, a la transformación de los elementos eucarísticos y de nuestros sentidos, y a la naturaleza eucarística de la Iglesia.

EUCARISTÍA Y MARTIRIO

El Apocalipsis relaciona el altar celestial, el Cordero una vez inmolado y una gran multitud de mártires. El martirio no es simplemente dar testimonio de la verdad del cristianismo contra los poderes de la época. Por el contrario, el martirio cristiano es un sacrificio ofrecido a Dios en imitación directa de la Pasión de Cristo. Los mártires eran, como Cristo, "templos donde habitaba el espíritu . . . manifestando la presencia de Dios en el mundo".[2]

San Ignacio de Antioquía es uno de los primeros testigos de la Iglesia que evoca la interrelación entre la Eucaristía y el martirio. Obispo de Antioquía, Ignacio fue martirizado entre los años 108 y 145, durante el reinado de Trajano, en la ciudad de Roma. Poseemos varias cartas de Ignacio, entre ellas la última que escribió desde Esmirna antes de morir. Su carta a los romanos es un relato personal y teológico de cómo entendió su martirio. Ignacio aborda en primer lugar el amor que sienten los romanos por su presencia material. En lugar de intervenir para salvarle de la muerte, Ignacio insta a los romanos: "No me concedáis más que ser un sacrificio para Dios mientras haya un altar a mano. Entonces podréis formar un coro y cantar alabanzas al Padre en Jesucristo, que Dios concedió al obispo de Siria el privilegio de llegar a la puesta del sol cuando le llamó desde su salida".[3] Ignacio entiende su martirio como una ofrenda sacrificial semejante a la Eucaristía. Se acerca al altar de Dios, y los romanos pueden recordarle cuando ofrezcan futuras alabanzas ante el Padre en la asamblea de los creyentes. En el martirio, Ignacio permanece personalmente presente ante los romanos.

Ignacio describe la transformación de su presencia material a través del martirio utilizando imágenes eucarísticas. Escribe a los romanos: "Dejadme ser pasto de las fieras; así llegaré a Dios. Soy el trigo de Dios y me muelen los dientes de las fieras para hacer un pan puro para Cristo".[4] Su carne debe convertirse en oblación, trigo molido en harina por los dientes de las fieras. El fuego del martirio lo consumirá, convirtiéndolo en un pan para Cristo. En una carta anterior a los Efesios, Ignacio describe este pan eucarístico como "la medicina de la inmortalidad, y el antídoto que aleja la muerte y da vida continua en unión con Jesucristo".[5] El pan eucarístico es la unidad de la Iglesia reunida en culto en torno a la humanidad inmortal del Señor resucitado.[6]

La vida sacramental ha preparado a Ignacio para la ofrenda sacrificial. Escribe:

> Mi Deseo ha sido crucificado y no arde en mí ninguna pasión por las cosas materiales. Hay agua viva en mí, que habla y dice dentro de mí: "Venid al Padre". No me deleito en los alimentos corruptibles ni en las delicadezas de esta vida. Lo que quiero es el pan de Dios, que es la carne de Cristo, que procede del linaje de David; y para beber quiero su sangre: ¡un verdadero banquete de amor inmortal![7]

El bautismo inició una transformación en Ignacio. Ya no tenía hambre ni sed de nada, excepto de la Eucaristía. Las aguas materiales del bautismo apagaron su deseo interior, de modo que sólo tenía hambre del pan de Dios, el Señor encarnado de la historia. La Sangre de Cristo es un signo de las primeras comidas eucarísticas de la Iglesia, una fiesta de amor que precipita la unión entre Cristo y todos los creyentes.

Independientemente de que Ignacio afirme explícitamente que la Eucaristía es la presencia del Cuerpo y la Sangre de Cristo de un modo sacramentalmente real (y los estudiosos debaten sobre esto), emplea aquellas imágenes que la Iglesia usará más tarde al profesar la fe en esta presencia. El martirio evoca para Ignacio el misterio eucarístico de la Iglesia, su propia transformación en el pan del Cuerpo de Cristo. Su muerte, no una abstracción sino vívidamente imaginada, es una comunión sacrificial con Cristo semejante a la Eucaristía.

Probablemente compuesto en la segunda mitad del siglo III, el relato del martirio de Policarpo intensifica aún más la cualidad eucarística del martirio.[8] San Policarpo, obispo de Esmirna, murió en 155 d.C. Fue compañero de Ignacio de Antioquía. El relato de su muerte a manos de las autoridades romanas presenta la muerte de Policarpo como un reflejo de la Pasión de Cristo. Como Jesús ante Pilato, Policarpo es interrogado por el procónsul. Responde con "valor y alegría, y su rostro estaba lleno de gracia".[9] Policarpo es conducido finalmente al momento de su martirio. Fue quemado vivo, "atado, como un noble carnero de un gran rebaño listo para el sacrificio, un holocausto dispuesto y aceptable a Dios".[10] Antes de convertirse en este sacrificio, pronuncia en voz alta lo que parece una primitiva oración eucarística. Pero no es pan y vino lo que se ofrece, sino su propio cuerpo.

Al final de la oración, Policarpo es quemado vivo. Algunos de los presentes, según el relato, ven un milagro:

> Pues el fuego tomó la forma de una cámara abovedada,
> como la vela de un barco hinchada por el viento, e hizo
> un muro alrededor del cuerpo del mártir. Y él estaba
> en medio, no como carne ardiente, sino como pan que
> se hornea o como oro y plata refinados en un horno.

> Y percibimos un aroma tan dulce como el aliento del
> incienso o de alguna otra especia preciosa.[11]

La propia carne de Policarpo se ha convertido en pan sobrenatural. La carne ardiente produce un fragante aroma de incienso ofrecido en sacrificio. El cuerpo de Policarpo no se quema, sino que consume las llamas que lo rodean.[12] Tras el martirio, los huesos de Policarpo son recogidos por los testigos cristianos del sacrificio. Se convierten en reliquias donde se celebrará la liturgia eucarística en el aniversario de su muerte. Su cuerpo, visto eucarísticamente, se convierte en la presencia viva de Cristo en la tierra. Como amigos de Dios, los mártires como Policarpo pueden interceder por la familia humana ante el trono celestial de Dios.[13]

Así, el cuerpo del mártir se convierte en uno de los primeros espacios para pensar la doctrina de la presencia real. El mártir cuya vida es como la de Cristo también es descrito como pan y vino. Sin poseer aún una teología desarrollada de la presencia real, los relatos del martirio se sitúan en un lenguaje de proximidad en torno al sacrificio de Cristo, el pan y el vino de la liturgia eucarística, la presencia de Cristo en el cuerpo mismo del mártir y la función intercesora del mártir.

La carne del mártir se transfigura, las reliquias se veneran posteriormente como presencia corporal. Los primeros cristianos celebraban la Eucaristía ante la presencia de estos mártires en sus tumbas. El martirio en la Iglesia primitiva fue esa realidad histórica que precipitó nuevas reflexiones sobre la presencia eucarística.

EL CUERPO, LA SALVACIÓN Y LA EUCARISTÍA

San Ireneo de Lyon fue obispo en la Galia a finales del siglo II. Ireneo es conocido sobre todo por sus escritos contra los gnósticos. El gnosticismo (que significa "conocimiento" secreto) era una religión sincretista que combinaba elementos de la mitología oriental, la filosofía y la Biblia. Los gnósticos valentinianos (llamados así por Valentín, que tuvo una escuela en Roma en el siglo II) proponían una lectura de las Escrituras en la que el Antiguo Testamento describía una deidad casi poderosa que creó el mundo como un ejercicio de creatividad mal engendrada. El cuerpo, parte de esta creación mal concebida, atrapó a nuestros espíritus en este mundo. La venida de Jesús fue la llegada del Dios superior, que reveló en secreto a los discípulos la verdad sobre el mundo. El mundo es un error, el cuerpo no importa y, por tanto, hay que dejar atrás la carne para ascender de nuevo al Padre. La salvación tiene lugar cuando uno llega a "conocer" esta verdad oculta. La muerte y la resurrección de Jesús son irrelevantes para la salvación porque tienen que ver con el cuerpo. Lo que realmente importa es llegar a comprender que uno no está hecho para este mundo.

El gnosticismo desconectaba la salvación del ser humano de la creación. Ireneo compuso su *Contra las herejías* como una forma de contrarrestar este argumento gnóstico.[14] Puede parecernos extraño que alguien pueda creer algo como el gnosticismo. Pero lo que afirman los gnósticos es quizá más atractivo de lo que creemos. He pasado muchos inviernos en South Bend, Indiana, donde una nube oscura cubre la ciudad durante cinco meses. Es reconfortante para mi angustiado yo invernal llegar a la conclusión de que este mundo es un error, nada más que un fantasma. Una vez que reconozca que el mundo es un intento equivocado de creación por parte de un cuasi Dios inepto, podré afrontar el invierno. El mundo tiene la culpa, el cuasi-Dios tiene la culpa, pero yo no tengo la culpa.

El problema es que si los gnósticos tienen razón, habría que rechazar gran parte del Antiguo y del Nuevo Testamento, incluida la bondad de la creación y el don del sacrificio de Cristo. Es en el contexto de este argumento contra el desdén gnóstico por la salvación material donde Ireneo aborda la Eucaristía. Primero se ocupa de los gnósticos que celebran la Eucaristía. Habiendo rechazado los sacrificios del Antiguo Testamento, y negándose también a llamar a Jesús Hijo del Padre (puesto que el Padre es el inepto dios creador), ¿qué se imaginan que están haciendo en la celebración eucarística? Ireneo escribe:

> Cómo pueden ser coherentes consigo mismos, [cuando dicen] que el pan sobre el que se ha dado gracias es el cuerpo de su Señor, y la copa su sangre, si no se llaman a sí mismos el Hijo del Creador del mundo, es decir, su Verbo, por quien fructifica la madera, y brotan las fuentes, y la tierra da "primero la brizna, luego la espiga, después el grano lleno en la espiga" (Mc 4:28).[15]

Los gnósticos niegan la bondad de la creación y, al mismo tiempo, utilizan extrañamente la materia creada del pan en el sacramento de la Eucaristía. Ireneo está sugiriendo a los gnósticos que el sacrificio mismo del trigo con el que se hace el pan apunta ya hacia el don sacrificial del cuerpo físico de Cristo.

Además, comer la Eucaristía transforma el cuerpo humano. Comer y beber el Cuerpo y la Sangre de Cristo es fundamental para la salvación, precisamente porque somos a la vez espirituales y materiales, y la salvación debe sanar ambas dimensiones de nuestra persona. Como escribe Ireneo:

> Nuestra opinión está de acuerdo con la Eucaristía, y la Eucaristía, a su vez, establece nuestra opinión. Pues le ofrecemos lo suyo, anunciando coherentemente la comunión y unión de la carne y el Espíritu. Porque así como el pan, que se produce de la tierra, cuando recibe la invocación de Dios, ya no es pan común, sino Eucaristía, compuesta de dos realidades, terrena y celestial; así también nuestros cuerpos, cuando reciben la Eucaristía, ya no son corruptibles, teniendo la esperanza de la resurrección hasta la eternidad.[16]

Como Ignacio de Antioquía, la Eucaristía es para Ireneo la medicina de la inmortalidad. Al comer la Eucaristía, la persona humana deja atrás la corruptibilidad. Mediante la Eucaristía nos conformamos con el sentido original de la creación. Así como el pan fue hecho como imagen del sacrificio, también al recibir la Eucaristía el cuerpo humano se convierte en sacrificio vivo a Dios, lo que será el cuerpo en la Resurrección.

Ireneo, al comienzo del libro 5 de *Contra las herejías*, recurre una vez más a la Eucaristía como argumento contra los gnósticos. Los gnósticos buscan una salvación espiritualizada, sin la resurrección de la carne. Pero la Eucaristía no permite a la Iglesia entender la salvación de esta manera. Los que niegan la importancia de la resurrección del cuerpo, según Ireneo, interpretan mal la Eucaristía. Jesús "ha reconocido el cáliz (que es una parte de la creación) como su propia sangre, de la que acuesta nuestra sangre; y el pan (también una parte de la creación). El pan está hecho para ser comido, para sostener al ser humano".[17] Comer la Eucaristía es una unión con Cristo, que comulga con el ser humano a través de su presencia eucarística. Así como la Eucaristía se convierte en el Cuerpo y la Sangre de Cristo por la Palabra de Dios, también los cuerpos humanos reciben la misma Palabra de Dios al comer y beber las especies eucarísticas. La carne y la sangre humanas pueden ser glorificadas a través del sacramento eucarístico. El primer fruto de la resurrección del cuerpo es la Eucaristía.

Ireneo supone que la Eucaristía es la presencia del Cuerpo y la Sangre de Cristo. Esta presencia no borra el alimento que proporciona la Eucaristía. Al contrario, la Eucaristía salva a la persona humana precisamente porque entra en el cuerpo de los cristianos. La resurrección de estos cuerpos es posible gracias a la presencia de la Palabra de Dios que ahora habita con el cristiano, incluso después de la muerte.

Aunque Ireneo es uno de los primeros testigos de la salvación que se obtiene comiendo y bebiendo la Eucaristía, no es el único. San Gregorio de Nisa (335–394), en su *Oración catequética*, describe la transformación del cuerpo humano que es posible gracias a la Eucaristía. Puesto que el ser humano es a la vez alma y cuerpo, la salvación debe ofrecerse a ambos. La fe permite al alma experimentar la unión con Cristo, pero es la Eucaristía la medicina para el cuerpo. El cuerpo ha sido envenenado por el pecado, que conduce a la muerte. Por lo tanto, el cuerpo necesita el tipo de sanación que es posible a través del cuerpo de Jesucristo: "Nada más que el cuerpo que se proporcionó superior a la muerte y se convirtió en la fuente de nuestra vida . . . cuando el cuerpo que Dios hizo inmortal entra en el nuestro, lo transforma enteramente en sí mismo".[18] La naturaleza humana se "salva" no sólo creyendo en Jesucristo, sino también permitiendo que la carne humana se integre en la inmortalidad de la carne y la sangre de Jesús.

El instrumento de esta unión es, para Gregorio de Nisa, el pan y el vino. Basándose en una antigua comprensión de la digestión, Gregorio argumenta que cuando comemos pan y vino, se descomponen en sangre. El pan, de alguna manera, ya formaba parte de nosotros. Jesús, que es humano y divino, come pan y vino, y este pan y este vino se convierten en parte de su sangre. En cierto modo, el pan ya era divino en la medida en que era el Dios-hombre quien lo comía: "El cuerpo en el que habitaba Dios, al recibir el pan como alimento, era en cierto sentido idéntico a él".[19] Al asumir nuestra humanidad, el Verbo de Dios hace de nuestro cuerpo humano una morada aceptable para Dios. Y al comer el pan y beber el vino, los elementos materiales facilitan ahora nuestra participación en la vida misma de Dios.

Por supuesto, Gregorio de Nisa reconoce que Jesús ha ascendido al Padre. Gracias a la oración de la Iglesia, el pan y el vino se convierten instantáneamente en el Cuerpo y la Sangre de Cristo. Cuando hombres y mujeres consumen la Eucaristía, el Verbo hecho carne "se une a sus cuerpos para que también la humanidad, por su unión con lo que es inmortal, participe de la incorruptibilidad".[20] Como Ireneo, la presencia de Cristo en el pan y el vino pretende fructificar el cuerpo humano, haciéndolo inmortal.

La presencia eucarística, tanto en San Ireneo como en san Gregorio de Nisa, está ordenada a hacer incorruptible el cuerpo humano. La naturaleza de la Eucaristía en relación con el pan y el vino es esencial para ambos autores. Comer es vital para la vida humana. Y el pan y el vino se convierten en cuerpo y sangre para que haya una comunión íntima del cuerpo humano con el Cuerpo y la Sangre de Jesucristo.

VER Y ADORAR LA PRESENCIA DE CRISTO

En el siglo IV, la presencia eucarística es ampliamente profesada por la Iglesia. Sin embargo, la Iglesia primitiva era consciente de que el Cuerpo y la Sangre de Cristo sobre el altar seguían pareciendo pan y vino después de su consagración. La percepción era distinta de la realidad.

Este desfase entre percepción y realidad se complicó aún más por el carácter cada vez más público del culto litúrgico tras la legalización del culto cristiano. Los cristianos de los siglos IV y V vivían en entornos urbanos donde había procesiones regulares, liturgias celebradas por toda la ciudad y, en lugares como Jerusalén, vigilias frecuentadas por peregrinos que acudían a ver las vistas. La historiadora Georgia Frank escribe: "A medida que el cristianismo se hacía más visible, más perceptible y más performativo en el exterior, persistía entre sus miembros más recientes la necesidad de una comprensión sensorial más profunda en el interior".[21] La Eucaristía era uno de estos ritos en el interior. La primera vez que alguien podía estar presente en la liturgia eucarística era tras su bautismo. Es fácil imaginar el tipo de expectativas que tenían los catecúmenos en relación con la Eucaristía. Si los ritos al aire libre eran tan maravillosos, seguramente los ritos en el interior proporcionarían un espectáculo digno de contemplar.

En el siglo IV se desarrolló un género de catequesis para hacer frente a este desfase entre lo que se esperaba y lo que se percibía. Las catequesis mistagógicas presentaban a los nuevos cristianos o neófitos el significado de los ritos recién celebrados. El término *mistagogía* designa el proceso por el que alguien es conducido más profundamente a los misterios o sacramentos de la salvación.

San Cirilo de Jerusalén (313–386) es el autor de una de estas catequesis mistagógicas. Comienza sus catequesis reconociendo el poder de la vista relacionado con los ritos de la Iglesia. Aunque Cirilo podría haber explicado a los neófitos el significado de las ceremonias antes del bautismo, "sabía claramente que ver es más digno de confianza que oír, por lo que esperé al momento presente".[22] Aun así, Cirilo es consciente de que la percepción por sí sola es insuficiente. El catecúmeno debe recibir una formación o instrucción adecuada "para que conozcáis por vosotros mismos el significado del bautismo que os sucedió aquella noche".[23] En este bautismo hay más de lo que se ve a simple vista.

Esta formación cultivaba los sentidos del cristiano para ver más allá de lo visible, especialmente en el caso de la Eucaristía. Cirilo ofrece dos catequesis distintas sobre la Eucaristía. Comienza su primera conferencia sobre el Cuerpo y la Sangre de Cristo pronunciando en voz alta las palabras de Jesús en la Última Cena. Puesto que se puede confiar en las palabras de Jesús, ¿cómo no creer que la Eucaristía es el Cuerpo y la Sangre de Cristo? Jesús es el que transformó el agua en vino en las bodas de Caná, y así sus palabras pronunciadas en la Iglesia de hoy también pueden encubrir el pan y el vino en Cuerpo y Sangre como regalo de bodas a los recién bautizados. Cirilo utiliza el lenguaje del cambio o transformación de los dones materiales. El pan y el vino se transforman en el Cuerpo y la Sangre de Cristo aunque los sentidos físicos no puedan percibir esta conversión.

Al igual que Ireneo y Gregorio de Nisa, Cirilo presenta la Eucaristía como alimento para la inmortalidad. Al comer el pan y el vino transformados, el nuevo cristiano se convierte en "portador de Cristo".[24] Los miembros del cuerpo del cristiano se transforman, participando ahora de la vida divina.

Tras referirse brevemente a los tipos o imágenes eucarísticas del Antiguo Testamento, Cirilo vuelve ahora a la distinción entre la percepción ordinaria y la visión eucarística:

> Dejad, pues, de considerar el pan y el vino como ordinarios; porque son cuerpo y sangre según el Señor que hizo la declaración. Pues aunque tus sentidos te lo sugieran, que la fe te lo confirme. No juzguéis esto por

> el gusto, sino informaos sin duda por la fe de que habéis
> sido hechos dignos del cuerpo y de la sangre de Cristo.[25]

Cirilo evoca el sentido del gusto. Los que consumían la Eucaristía no saboreaban más que el pan y el vino. Sin embargo, su gusto puede formarse considerando lo que dicen las Escrituras sobre el acto de comer y beber en presencia de Dios. El Salmo 23 (cantado durante la procesión para recibir el Cuerpo y la Sangre de Cristo) describe la embriaguez que se experimenta al beber de una copa proporcionada por Dios. Esta copa, según Cirilo, es la que Cristo dio la noche antes de morir en la Última Cena. El nuevo cristiano está llamado, como la novia del Cantar de los Cantares, a acudir a este banquete.

En su bautismo, cada neófito recibió una vestidura blanca. Esta prenda se convierte ahora en vital para ver el cambio eucarístico. Pero Cirilo tiene cuidado de subrayar que no está hablando de una prenda física. Incluso cuando uno se ha cambiado de ropa, sigue siendo "necesario que te vistas siempre con ropas verdaderamente blancas, resplandecientes y espirituales, para que digas con el bienaventurado Isaías: 'Alégrese mi alma en el Señor. Porque me vistió con una vestidura de salvación y me cubrió con un manto de alegría'".[26] El ojo de la mente percibe este vestido de una manera nueva. Ya no es sólo un manto, sino la imagen de un alma que sale a regocijarse en Dios. Para que el cristiano reconozca el pan y el vino como Cuerpo y Sangre, debe imaginarse puro, acercándose al altar como la esposa de Cristo. Este acto de imaginación permite recibir la Eucaristía de modo que "resplandezca el rostro de tu alma".[27]

Más adelante en el sermón, Cirilo señala la diferencia entre la transformación de los elementos y ahora el sentido del gusto en lugar de la vista. Anima al nuevo cristiano a "gustar no el pan y el vino, sino la representación sacramental del cuerpo y la sangre de Cristo".[28] Este gusto se cultiva mediante el uso adecuado del propio cuerpo y, por tanto, la reverencia ante los elementos eucarísticos. Cirilo exhorta a la asamblea a recibir el Cuerpo de Cristo con las manos extendidas como un trono, "prestando mucha atención para no perder nada de él".[29] Habiendo recibido la Sangre de Cristo después de una profunda reverencia, el comulgante signa sus sentidos con esta sangre: "Y mientras la humedad permanece en tus labios, tocándola con tus manos, santifica tus ojos, tu frente y tus otros sentidos".[30] En Cirilo, el gusto eucarístico no está reservado a la lengua. Está destinado a todos los sentidos. Los ojos, la frente y otras partes del cuerpo—incluidas las manos que se convierten en trono y los oídos que se marcan con la Sangre de Cristo— pueden aprender a "gustar" la dulzura del Señor. Este acto gustativo que atraviesa los sentidos es como una sinestesia eucarística, una condición en la que uno de los sentidos afecta a los otros. Oyes una melodía y ves un color. Salvo que, en este caso, el cristiano saborea la bondad del Señor a través del tacto.

Cirilo, por tanto, forma el sentido del gusto mediante el cultivo de la imaginación. Se aprende a "saborear" correctamente la Eucaristía percibiéndola en la imaginación como vinculada a la historia de la salvación. Cuando uno ve lo que parece pan y vino, piensa en cambio en las bodas de Caná y en la Última Cena. Y, sin embargo, uno percibe la presencia de Cristo no sólo a través de la vista de la mente. Los sentidos de todo el cuerpo están implicados cuando se adopta una postura de reverencia eucarística.

San Ambrosio de Milán (hacia 340–397) también produjo dos catequesis mistagógicas sobre la Eucaristía: *Sobre los misterios* y *Sobre los sacramentos*. Al igual que San Cirilo, Ambrosio utiliza sus catequesis mistagógicas para entrenar los sentidos para ver la transformación que ha tenido lugar en los sacramentos. En *Sobre los sacramentos*, describe el significado del toque de las fosas nasales al comienzo de la liturgia bautismal: "Toca las fosas nasales para que recibáis la dulce fragancia de la bondad eterna; para que podáis decir como el santo apóstol: 'Somos el aroma de Cristo para Dios'; y para que habite en vosotros toda la fragancia de la fe y la devoción".[31] El sentido del olfato se redime mediante un acto táctil. Una vez más, la liturgia debe ser percibida por todo el cuerpo.

En el tercer sermón, Ambrosio se refiere a la Eucaristía al recordar el paso de los neófitos del baptisterio al altar eucarístico: "Antes parecíais ciegos de corazón, pero ahora empezáis a percibir la luz de los sacramentos".[32] En su camino hacia el altar, los recién bautizados encuentran la fragancia del incienso. Ambrosio llama su atención sobre este incienso, que, flotando hacia el cielo, es el aroma de Cristo en el que se han convertido los catecúmenos a través de su muerte y de la nueva vida alcanzada en las aguas bautismales.

Continúa enumerando diversos tipos o imágenes de la Eucaristía antes de reconocer, como Cirilo, un desfase entre lo que se percibe en la Eucaristía y lo que la Eucaristía es: "Tal vez digas: 'El pan que tengo aquí es pan ordinario'. Sí, antes de que se pronuncien las palabras sacramentales, este pan no es más que pan. Pero en la consacración este pan se convierte en el Cuerpo de Cristo".[33] Ambrosio subraya el poder de la palabra para transformar los elementos eucarísticos. En la creación, Dios pronunció una palabra que dio existencia a todo ser. Mediante el bautismo, Dios recrea la criatura en una imagen de Cristo. Y ahora, en la Eucaristía, se produce una nueva transformación cuando el sacerdote pronuncia las palabras de Cristo de la Última Cena en el rito eucarístico. Ambrosio tiene claro que esta transformación es obra de Dios mediada por las palabras eucarísticas:

La víspera de su padecimiento, dice, tomó pan en sus santas manos. Antes de ser consagrado, es pan; pero cuando las palabras de Cristo han sido pronunciadas sobre él, es el Cuerpo de Cristo. Escuchad lo que dice entonces: "Tomad y comed todos de el, porque este es mi cuerpo". Y el cáliz, antes de las palabras de Cristo, está lleno de vino y de agua. Pero cuando las palabras de Cristo han hecho su trabajo, se convierte en la sangre de Cristo que ha redimido al pueblo. Así puedes ver la forma en que la palabra de Cristo es lo suficientemente poderosa como para cambiar todas las cosas.[34]

Sólo el poder de la palabra divina transforma el pan y el vino en Cuerpo y Sangre. La fe en la presencia sacramental de Cristo en la Eucaristía se fundamenta en la confianza en el poder de Dios para actuar.

Como Cirilo, la capacidad de percibir esta presencia eucarística es el resultado de un cultivo de la imaginación. El nuevo cristiano que se acerca al sacramento del altar debe procesar con el texto del Cantar de los Cantares en mente: "Has venido al altar, te llama el Señor Jesús, o tu alma, o la Iglesia, cuando dice: 'Que me bese con los besos de sus labios'. ¿Quieres atribuírselos a tu alma? Nada más dulce".[35] El acto de la comunión, lo que parece una comida ordinaria, es en realidad el banquete de bodas del Cantar de los Cantares. Esta imagen de la Eucaristía transforma la experiencia del neófito. El pan ordinario ya no es ordinario, pues ahora está lleno de la dulzura espiritual de la miel. La cualidad embriagadora del vino es ahora el sabor del Espíritu que llena al cristiano de deleite.[36] Ambrosio pasa del acto de percepción en el rito a las imágenes bíblicas que transforman esa actividad y luego de vuelta al rito mismo.[37] A través de este viaje, los sentidos de los cristianos se transfiguran para percibir el don disponible en lo que parece pan y vino ordinarios. El deleite que siente el cristiano al recibir la Eucaristía, la dulzura del encuentro, forma parte de la participación "en su sustancia divina por medio de su alimento".[38]

Las catequesis mistagógicas de Cirilo y Ambrosio no son ingenuas. Reconocen la distancia entre la percepción y la realidad. Y, sin embargo, ponen en práctica un programa de formación mediante el cual se puede sentir la presencia eucarística a través de la inmersión del "ojo de la mente", es decir, la imaginación, en el tesoro de las imágenes de las Escrituras. Con un nuevo suministro de imágenes, el cristiano puede "sentir" la presencia del Señor en la dulzura de la comunión.

SACRIFICIO, IGLESIA Y CIUDAD

La historia de san Agustín de Hipona es bien conocida por sus *Confesiones*. Nacido en Thagaste (actual Argelia) en el año 354 d.C., Agustín experimentó múltiples conversiones a lo largo de sus primeros años de vida. Por influencia de san Ambrosio de Milán, ingresó en la Iglesia, dejando atrás su carrera de retórico. Buscando una vida monástica con sus amigos, fue ordenado a la fuerza sacerdote en 391 y más tarde obispo en Hipona en 395, donde moriría en 430. En el momento de su muerte, Hipona estaba sitiada por una tribu germánica de vándalos.

La teología de Agustín sobre la presencia eucarística se desarrolló a partir de su envolvimiento con dos herejías de la Iglesia. Al principio de su vida, Agustín fue un buscador en una secta gnóstica llamada los maniqueos. Los maniqueos negaban la bondad de la creación y buscaban una forma de escapar del cuerpo. Al principio de su episcopado, Agustín también se enfrentó a los donatistas. Los donatistas sostenían que todos los cristianos que sucumbieron a la persecución durante el reinado de Diocleciano entregando las Escrituras eran traidores y ahora estaban impuros. Si alguien era bautizado por uno de estos traidores, el bautismo no era válido y debía ser rehecho por un obispo donatista que fuera puro.

Ambas herejías se niegan a reconocer la cualidad material a la Iglesia y, por tanto, a la salvación. En particular, los donatistas pretenden crear una Iglesia pura formada por cristianos perfectos, aparte de la Iglesia de carne y hueso que existe en un lugar concreto. En este énfasis en la pureza, los donatistas desgarran la comunión de la Iglesia. La Iglesia ya no es objetivamente el cuerpo de Cristo, y los sacramentos de la Iglesia sólo funcionan entre los que son puros. Agustín desarrolla su teología eucarística a través del envolvimiento con la herejía donatista. Para Agustín, la presencia real de Cristo en los elementos eucarísticos que parecen pan y vino es inseparable de la comunión de amor que es la Iglesia.

Agustín establece esta conexión en el sermón 272, un sermón mistagógico pronunciado después de Pentecostés. Agustín comienza su predicación igual que san Cirilo de Jerusalén y san Ambrosio de Milán:

> Lo que puedes ver en el altar, también lo viste anoche; pero lo que era, lo que significaba, de qué gran realidad contenía el sacramento, aún no lo habías oído. Así pues, lo que podéis ver es pan y copa; eso es lo que os dicen incluso vuestros ojos; pero en cuanto a aquello sobre lo que vuestra fe pide ser instruida, el pan es el cuerpo de Cristo, la copa la sangre de Cristo; pero la fe desea instrucción.[39]

La percepción dice a los neófitos que sobre el altar hay pan y vino. Pero la fe desea ser instruida para saber con precisión lo que hay más allá del pan y el vino.

El sermón de Agustín dirige la atención de sus oyentes a la ubicación física del cuerpo de Cristo. El creyente ha sido instruido para saber que Cristo nació de la Virgen María, soportó el estado humano, sufrió su Pasión y Muerte, resucitó de entre los muertos y ahora ha ascendido a Dios. Ahora ya no está presente en la tierra, sino como sumo sacerdote que ofrece sacrificios ante el Padre. ¿Cómo es posible que el cuerpo de Cristo pueda estar sobre el altar? ¿Y cómo es posible que esa copa contenga sangre?

Sólo ahora, una vez planteada esta espinosa cuestión, Agustín comienza a enseñar. Los sacramentos son aquellas cosas sagradas en las que "una cosa se ve, otra se entiende".[40] Lo perceptible se relaciona con el cuerpo, mientras que lo invisible se vincula con lo espiritual. Pero la Eucaristía combina ambas cosas. El cuerpo de Cristo, que no se ve inmediatamente, se percibe mirando a la Iglesia misma, que sí puede verse. Sobre el altar no está sólo el pan y el vino, el Cuerpo y la Sangre de Cristo, sino la Iglesia visible. Agustín predica:

> Por tanto, si sois vosotros el cuerpo de Cristo y sus miembros, es el misterio que os significa lo que se ha puesto sobre la mesa del Señor; lo que recibís es el misterio que os significa. Es a lo que tú eres a lo que respondes *Amén*, y al responder así expresas tu asentimiento. Lo que oyes, lo que ves, es *El cuerpo de Cristo, y respondes*: *Amén*. Sé, pues, miembro del cuerpo de Cristo, para que ese *Amén sea* verdad.[41]

Los signos materiales de la Eucaristía apuntan hacia la unión de Cristo y la Iglesia sobre el altar. El pan, como ya señaló San Ireneo, se elabora de un modo que evoca el sacrificio. Agustín señala que así como el pan se recoge de muchos granos, se muele en harina, se mezcla en masa, se cuece en un horno ardiente, así también la Iglesia se forma sacrificialmente. Pertenecer a la Iglesia forma parte de este sacrificio de amor. También el vino es sacrificado, estampado y prensado, vertido en un solo recipiente. Recibir la Eucaristía es comprometerse a una transformación sacrificial mediante la pertenencia al Cuerpo de Cristo.

Aquí nos encontramos con el verdadero escándalo eucarístico para Agustín. La presencia eucarística está inextricablemente relacionada con la pertenencia al cuerpo de Cristo. La presencia de Cristo se da a conocer a través de esa forma concreta de amor compartido entre los creyentes que participan en la presencia eucarística y en el sacrificio de la Iglesia.

La creencia de Agustín en la presencia de Cristo en la Eucaristía es evidente en sus homilías sobre el capítulo sexto del Evangelio de Juan. Como en su sermón mistagógico, Agustín conecta el Cuerpo de Cristo con la Iglesia: "'Mi carne', dice, 'es para la vida del mundo'. Los fieles conocen el cuerpo de Cristo, si no descuidan ser el cuerpo de Cristo. Que se conviertan en el cuerpo de Cristo, si quieren vivir del Espíritu de Cristo".[42] Pero Agustín, en el contexto de estas homilías, comienza a decir más. Haciendo una exégesis de Juan 6:53, Agustín señala que sólo es posible tener vida dentro de nosotros si nos acercamos al altar para comer y beber el Cuerpo y la Sangre de Cristo. La comida y la bebida ofrecidas en ese altar significan "la comunión de su cuerpo y de sus miembros . . . esa comunión es la santa Iglesia en sus santos y sus fieles".[43] Pertenecer a la Iglesia es el comienzo de esa nueva vida. Pero, ¿qué es para Agustín la Iglesia?

El escándalo de la teología agustiniana de la presencia real está ligado a su teología de la Iglesia. La comunión de la Iglesia es esponsal, una unión perfecta entre Cristo y la Iglesia. En su segundo sermón sobre el Salmo 18, Agustín escribe: "Y todavía hoy es una sola persona la que habla en todas las naciones y en todas las lenguas, un solo hombre, Cabeza y cuerpo, una sola persona que es Cristo y la Iglesia, un hombre perfecto, Él el esposo, ella la esposa. Pero, dice la Escritura, serán dos en una sola carne (Gn 2:24)".[44] Recibir la comunión de la Iglesia en la Eucaristía es recibir también el Cuerpo de Cristo como Cabeza de la Iglesia. Y quien recibe el Cuerpo de Cristo debe ofrecer a cambio el don de la caridad eucarística, del amor compartido en la comunión de los creyentes.

Esta es la descripción de la Eucaristía que Agustín presenta en su *Ciudad de Dios*. En el libro 10, Agustín presenta la identidad esponsal de la Iglesia—una sola carne con Cristo—en relación con la Eucaristía:

> Puesto que, al tomar la forma de siervo, se convirtió en el meditador entre Dios y el hombre, el hombre Jesucristo recibe el sacrificio junto con el Padre, con quien es un solo Dios. En la forma de siervo . . . eligió ser sacrificio en lugar de recibir sacrificio, y lo hizo para evitar que alguien pensara que debía ofrecerse sacrificio . . . a criatura alguna. Al mismo tiempo, él es también el sacerdote, haciendo él mismo la ofrenda y siendo él mismo la ofrenda. Y quiso que el sacrificio ofrecido por la Iglesia fuera un sacramento cotidiano de su sacrificio, en el que la Iglesia, puesto que es el cuerpo del que él es cabeza, aprende a ofrecerse a sí misma a través de él.[45]

Jesucristo es a la vez humano y divino. En su humanidad, se convirtió en el sacrificio ofrecido a Dios. Sin embargo, siguió siendo el sacerdote que ofrecía el sacrificio al Padre. La Eucaristía es ese maravilloso sacramento en el que Cristo es a la vez sacerdote y víctima. Cuando la Iglesia la ofrece en comunión con la cabeza, es Cristo quien se ofrece en el sacramento. Pero la Iglesia debe aprender de esta ofrenda, para convertirse cada vez más en lo que está sobre ese altar: el sacrificio misericordioso del Dios-hombre, Jesucristo. El amor se recibe para que la Iglesia se convierta en amor.

Para Agustín, no hay presencia eucarística al margen de la realidad histórica de la Iglesia. Como ha escrito el académico agustino John C. Cavadini: "Ver a la esposa, de hecho, es ver a Cristo; porque ver este cuerpo es ver la desnudez de Cristo, la vergonzosa necedad que quita nuestra vergüenza".[46] La presencia de Cristo está mediada por el don de la Iglesia, incluso en la pecaminosidad de la Iglesia. No hay competencia entre la presencia de Cristo en el altar y la presencia de la Iglesia. Convertirse en lo que se recibe en la Eucaristía significa renunciar a esa competición inútil de ser una criatura autosuficiente.

Para concluir, volvamos una vez más a la exégesis de Agustín de Juan 6. La Eucaristía, para Agustín, es un comer y beber que conduce a permanecer con Cristo en unidad total: "Esto, por lo tanto, es comer ese alimento y esa bebida: permanecer en Cristo y hacer que él permanezca en uno mismo".[47] Agustín subraya a lo largo de su obra que la tarea del cristiano es permanecer con Cristo y, por tanto, unos con otros. Ni siquiera el mismo cielo puede disfrutarse al margen de esta comunión. En el último libro de *Ciudad de Dios*, Agustín exegeta el Salmo 46:11: "Ríndanse y reconozcan que yo soy Dios". El destinatario de este versículo no es el cristiano individual. Más bien, es la comunión de todos los creyentes unidos por el sacrificio de Cristo en la Cruz. Es una comunión que no se define por la adulación, la violencia del imperio o la riqueza. Más bien hay armonía, una comunión compartida en la que cada miembro del cuerpo alaba a Dios con la misma naturalidad con la que levantamos la mano izquierda para responder a una pregunta en el aula. Agustín escribe en este último libro de *Ciudad de Dios*: "Porque nosotros mismos seremos el séptimo día, cuando hayamos sido colmados por su bendición y hechos nuevos por su santificación. Entonces nos quedaremos quietos y veremos que él es Dios; entonces veremos que él es lo que nosotros mismos queríamos ser".[48] Durante todo este tiempo, los seres humanos se esforzaron por crear algo de sí mismos aparte de Dios. Pero la comunión de los santos, contemplando ahora a Dios cara a cara, se convertirá en lo que se recibe a través de este acto de percepción. Dios es la comunión que hemos anhelado, y la Eucaristía sigue siendo el modo sacramental de aprender esta comunión mientras la Iglesia peregrina.

CONCLUSIÓN

La doctrina de la presencia real en la Iglesia primitiva hasta san Agustín posee cuatro características esenciales. En primer lugar, lo que se hace presente en la Eucaristía es el Cuerpo y la Sangre sacrificiales de Cristo ofrecidos a los hombres. La presencia de Cristo está relacionada con el sacrificio de Cristo que la Iglesia celebra. En segundo lugar, la Eucaristía permite al creyente participar de la divinidad de Cristo mediante el acto de comer y beber el Cuerpo y la Sangre de Cristo. La Eucaristía es una medicina para la inmortalidad, que permite al cuerpo material participar incluso ahora en la vida divina. En tercer lugar, el pan y el vino experimentan una transformación no visible a los sentidos, que los convierte en el Cuerpo y la Sangre de Cristo. La catequesis eucarística forma los sentidos del creyente para adorar esta presencia mediante el cultivo de una imaginación eucarística. En cuarto lugar, la Eucaristía, como Cuerpo de Cristo, pone también a disposición en el altar la comunión de amor que es la Iglesia. El creyente que recibe este Cuerpo y esta Sangre no está comprometido en una mística personal al margen de la Iglesia, sino que se compromete a una comunión más profunda con el Cuerpo, a "convertirse en lo que se recibe".

A medida que la Iglesia se apropia de esta enseñanza eucarística, surgen nuevas preguntas. ¿Cómo está disponible el cuerpo sacrificial de Cristo en la Eucaristía? ¿Se trata de una presencia mediada por signos? ¿O es el propio sacrificio el que se hace presente? ¿Cómo es posible que el Cuerpo de Cristo y la sustancia del pan coexistan? ¿Qué sucede en la transformación eucarística? Además, ¿cómo se hace presente la comunión de la Iglesia al mismo tiempo que el Cuerpo de Cristo? ¿Se trata de una presencia diferente? Estas y otras preguntas dan origen a la doctrina de la transubstanciación a principios del segundo milenio.

4.

SABOREAR EL MISTERIO DE LA TRANSUBSTANCIACIÓN

La doctrina de la transubstanciación es la respuesta a las preguntas planteadas al final del último capítulo. Esta doctrina no trata de la mecánica de la transformación del pan y el vino en el Cuerpo y la Sangre de Cristo. En cambio, la transubstanciación "responde a las preguntas: '¿Qué significa decir que el pan y el vino se convierten en el cuerpo y la sangre de Cristo?' y '¿Cuál es el contenido inteligible de la afirmación de que lo que a los sentidos parece ser pan y vino es, de hecho, el cuerpo y la sangre de Cristo?'"[1]

Pasemos ahora al himno eucarístico de santo Tomás de Aquino *Lauda sion* ("Alabado sea el Salvador, oh Sión") como meditación sobre la doctrina de la transubstanciación. Al responder a las dos preguntas anteriores, *Lauda sion* nos da más de lo que esperábamos. El himno eucarístico nos enseña, a través de su relato poético de la transubstanciación, cómo podemos vivir como criaturas ligadas al tiempo y hechas para la beatitud o la felicidad en presencia de Dios. El himno nos forma cultivando el deseo de recordar la Pasión de Jesucristo, de experimentar el aquí y ahora de esta presencia sacrificial de nuestro Señor, y de deleitarnos con el anticipo de la vida eterna que es el fin último de la comunión eucarística. La transubstanciación es una doctrina vinculada a la búsqueda de la santidad cristiana, no a través de la huida de la temporalidad, sino habitando en, con y a través del tiempo, mientras aprendemos a adorar la presencia de Cristo en la Eucaristía.

CONTROVERSIA EUCARÍSTICA: SIGLOS IX–XII

La evolución de la teología eucarística está ligada a la práctica litúrgica. En los siglos V y VI, la recepción de la Eucaristía se había vuelto relativamente escasa. La Iglesia reconoció el problema que planteaba esa escasa recepción y, en el IV Concilio de Letrán, celebrado en 1215, exigió la recepción anual de la Eucaristía, no como una limitación, sino como un estímulo para recibir el sacramento con mayor regularidad.

Irónicamente, a medida que la frecuencia de la comunión disminuía en el catolicismo medieval, el culto al Santísimo Sacramento se hacía más prominente. Muchas de las prácticas con las que estamos familiarizados: las procesiones eucarísticas, la bendición del Santísimo Sacramento e incluso la comunión espiritual, comenzaron en el renacimiento carolingio entre los años 780 y 900.[2] Al mismo tiempo, la Eucaristía comenzó a distinguirse formalmente de otros sacramentos. Como escribe el gran historiador de la doctrina Jaroslav Pelikan: "todos los sacramentos, incluida la Eucaristía, eran medios de gracia para quien los recibía; sólo la Eucaristía era no sólo un sacramento, sino también un sacrificio".[3] Incluso cuando el Santísimo Sacramento no se consumía en la Misa, la Eucaristía seguía ofreciéndose en beneficio de vivos y muertos. Idealmente, la Eucaristía debía entenderse como alimento sacrificial, como se puede leer en el comentario litúrgico del siglo IX de Amalar de Metz: "Cristo habita en nosotros por la Eucaristía, y nosotros en él por la naturaleza humana que asumió. Este es el Dios de la paz, por quien se han pacificado los cielos y la tierra".[4] Pero el sacrificio de la Misa sigue siendo esa pacificación cotidiana por la que Cristo se hace presente en el altar para unir cielo y tierra en una comunión de amor. Se reciba o no este don, el Amor está ahí. Aunque no se coma la Eucaristía, los fieles se benefician de un aumento de la caridad, fruto del sacrificio eucarístico, a través de la contemplación sacramental de la hostia.[5]

Para los que nos formamos después del Concilio Vaticano II, nuestra tentación será rechazar esta mirada sacramental a la hostia como "no participativa". Pero debemos tener cuidado de no juzgar la fe de nuestros antepasados. Para muchos católicos medievales, la mirada espiritual (o comunión ocular) era un encuentro vivo con Cristo. Ver la hostia con los ojos no era sólo contemplar al Verbo hecho carne, sino tocarlo con la fuerza de la vista.

Sólo al considerar estos desarrollos en la liturgia, la devoción eucarística y la teología, cobran vida las controversias teológicas de los siglos IX al XII. En este libro, repaso estas controversias no en su totalidad histórica, sino en relación con el tema de este libro: el significado de la doctrina de la presencia real para los cristianos de hoy.

San Pascual Radbertus (m. 859) compuso el primer tratado completo en Occidente dedicado exclusivamente a la Eucaristía. Radbertus sostiene, a partir de la tradición de los Padres de la Iglesia, que "es esa Humanidad sagrada la que se nos hace presente en el sacramento de la Eucaristía, en realidad y no sólo simbólicamente".[6] Para Radbertus, la realidad de esta presencia estaba conectada con el cuerpo histórico de Cristo. Esta conversión tiene lugar de forma similar a la Encarnación: "Así como la verdadera Carne fue creada de la Virgen por el Espíritu Santo y sin coito, así el mismo Cuerpo y la Sangre de Cristo pueden ser consagrados místicamente de la sustancia del pan y del vino por el mismo Espíritu".[7] La conversión eucarística es un milagro, y por tanto el cuerpo histórico de Cristo puede estar presente en ese altar como lo está en el cielo.

Sin embargo, un monje del propio monasterio de Radbertus, llamado Ratramnus, no estaba de acuerdo con él. Este desacuerdo no era sobre la "presencia real" per se. Ambos monjes estaban de acuerdo en que Cristo estaba presente. La discusión era sobre el significado *real de* la palabra. Contra Radbertus, Ratramnus "dice que la Eucaristía no es el Cuerpo y la Sangre de Cristo 'en verdad', sino más bien 'en figura' o 'en Sacramento'. La Eucaristía es el 'Sacramento del Cuerpo de Cristo'; no es la verdad del Cuerpo y la Sangre nacidos de María, sino la figura o Sacramento de ese Cuerpo y Sangre".[8] El verdadero cuerpo de Cristo ha ascendido al Padre, y la Eucaristía es esa presencia sacramental que apunta hacia el cuerpo de Cristo ascendido al Padre. La Eucaristía debe entenderse como la presencia simbólica, figurada o sacramental del Cuerpo de Cristo.

Ahora bien, el lenguaje de la figura o el símbolo puede resultarnos confuso. Después de todo, el estudio Pew mostró que el 70 por ciento de los católicos profesan su fe en una presencia "simbólica" y no en el Cuerpo y la Sangre reales de Cristo. Para nosotros, un símbolo o figura es aquello que es ilustrativo o representativo. Si mi madre proclamara que la tarjeta que recibió el día de su cumpleaños era un "pequeño símbolo" o "imagen" de mi amor, estaría ofreciendo un débil elogio. Los primeros cristianos no entendían así lo simbólico. Más bien, lo figurado, sacramental o simbólico participaba de la realidad a la que apuntaba.

En la época del debate entre Radbertus y Ratramnus, esta comprensión de lo simbólico estaba desapareciendo. Se inició un debate sobre la relación entre figura o símbolo y realidad. Para Radbertus, la Eucaristía debía ser a la vez figura y realidad, "ya que su apariencia era la del pan y el vino, pero su verdadera realidad era la del cuerpo y la sangre de Cristo".[9] Al ver la Eucaristía, se veía una imagen de pan y vino, pero la realidad era el Cuerpo de Cristo. Radbertus tenía la idea correcta, pero a menudo la respaldaba con datos erróneos. Radbertus evocaba milagros eucarísticos físicos como prueba de lo que decía, lo que le exponía a una acusación de burdo materialismo en torno al sacramento. El pan no era más que un velo para la carne sangrante y la sangre.

Este enfoque de la realidad no era compartido por Ratramnus. La Eucaristía era figurada porque la realidad empírica del Cuerpo de Cristo no era visible. No se veía el cuerpo de Jesús, y las cosas reales están hechas para ser vistas. No hay "realidad" en el cuerpo de Cristo porque ese cuerpo está en el cielo a la derecha del Padre. El pan y el vino seguían siendo lo que eran como símbolos, pero ahora poseían un poder del Cuerpo y la Sangre de Cristo a través del simbolismo. La cualidad tangible del pan y el vino como símbolo hizo posible que los elementos apuntaran hacia Cristo.

Aunque este debate cayó en el olvido durante uno o dos siglos, resurgió con la aparición del diácono Berengar de Tours en el segundo milenio. Berengar argumentó en una carta de 1059:

> Mi caso, más bien el de las Escrituras, es el siguiente: el pan y el vino de la mesa del Señor se convierten, según las Escrituras, no en un trozo sino en todo el Cuerpo y la Sangre de Cristo, no sensorialmente sino intelectualmente, no mediante una absorción sino mediante una asunción.[10]

Berengar separa la realidad del sacramento, lo que se comprende a través de la fe y el intelecto, de la materialidad del sacramento, lo que se percibe bajo los signos del pan y el vino. Berengar parece afirmar algo así como la presencia real, al tiempo que se niega a reconocer que el pan y el vino se conviertan sustancialmente en el Cuerpo y la Sangre de Cristo.[11] La presencia figurada, simbólica o sacramental en la Eucaristía se contempla y, por tanto, se recibe a través de la fe. La contemplación en la fe es la realidad del sacramento. Como escribiría Berengar en su defensa: "Exige que por medio del comer y beber corporal . . . puedas recordarte . . . del comer y beber espiritual de la Carne y Sangre de Cristo, que tiene lugar en la mente, refrescándote así interiormente de la Encarnación y Pasión del Verbo".[12]

Pero la posición de Berengar ya no cuadraba con la práctica litúrgica ni con la vida devocional de la Iglesia. La Eucaristía no era tratada como una presencia figurada o sacramental, sino como el verdadero Cuerpo de Cristo hecho presente en el altar. Se produjo un cambio objetivo. Algunos siguieron argumentando que Cristo no era realmente recibido por una persona que se acercaba al sacramento sin fe. Pero eso situaría la carga de la presencia eucarística exclusivamente en la fe del creyente.

Berengar no comprendió la singularidad de la Eucaristía como sacramento de la Iglesia. En el bautismo, el agua es una figura del cruce del mar Rojo por Israel. Se santifica mediante el propio bautismo de Cristo. El agua sigue cumpliendo su función de "agua" incluso en el preciso momento en que esa agua se vierte sobre la cabeza del neófito. Limpia y lava, iniciando al neófito en la Iglesia. Pero el agua en sí no se transforma.

En la Eucaristía, el cambio es diferente. Lo que hay en la Eucaristía es la presencia personal de Cristo. El pan y el vino se convierten en el Cuerpo y la Sangre de Jesucristo. Lo que se adora es el Cuerpo de Cristo. En las iglesias, hombres y mujeres se inclinan ante la presencia de Cristo en la Eucaristía. El lenguaje figural o sacramental era insuficiente para explicar este cambio, así como para dar sentido a las prácticas litúrgicas que eran bastante populares entre los fieles a principios del siglo XI.

Pero esa piedad popular podía acarrear problemas. Sin una terminología adecuada, se corría el riesgo de volver a un crudo materialismo. Un Sínodo de la Iglesia de 1059 exigió a Berengar que firmara un juramento en el que afirmaba:

> El pan y el vino, que se colocan sobre el altar, son, después de la consagración, no sólo *sacramentum* sino también el verdadero cuerpo y sangre de nuestro Señor Jesucristo; pero éstos son sensiblemente (*sensualiter*), no sólo en sacramento sino también en verdad, tocados y rotos por las manos del sacerdote y masticados por los dientes de los fieles.[13]

El juramento pedía a Berengar que restableciera la unión entre figura y realidad en los elementos eucarísticos. El cambio sacramental tiene lugar en verdad sobre el altar. Pero este lenguaje era también muy materialista y se malinterpretaba con facilidad. Recibir la comunión eucarística podía significar infligir dolor al cuerpo de Cristo, masticar su carne y sus huesos. El oponente de Berengar, Lanfranco, no creía en esta teología de "carnicería", pero los cristianos menos cuidadosos sí lo hacían.[14]

En el siglo XII, el renacimiento aristotélico de la teología permitió a la Iglesia discernir un camino entre el materialismo eucarístico y una teología simbólica inexacta que no era congruente con la práctica litúrgica de la época. El cisterciense Alan de Lille, en 1180, fue uno de los primeros en describir el cambio eucarístico como transubstanciación: "La transubstanciación es el tipo de cambio según el cual tanto la materia como la forma sustancial cambian, mientras que los accidentes permanecen".[15] La sustancia del pan y el vino ya no existen, convirtiéndose en la presencia sustancial de Jesucristo. Pero lo que se come en el sacramento son las especies o accidentes del pan y del vino. Esto no es teología de carnicería ni se basa exclusivamente en la teología sacramental de la Iglesia primitiva. El lenguaje de sustancia y accidente, o más preferiblemente, especie/apariencia en la enseñanza doctrinal formal, permitió a la Iglesia comprender la presencia real de Cristo sin caer en un materialismo grosero o en un simbolismo figurado que desautoriza la adoración del Santísimo Sacramento.

Ahora, estas polémicas pueden parecer cosa del pasado. Pero no lo son. Hoy en día, algunos teólogos católicos sostienen que la transubstanciación debería sustituirse por algo llamado *transignificación*. El pan y el vino no cambian de sustancia. En cambio, cambian su significado. Una vez pan y vino, después de la Plegaria Eucarística, lo que está sobre el altar ahora "se convierte" en el Cuerpo y la Sangre de Cristo. Es el acto fiel de la Iglesia el que cambia el significado de los elementos eucarísticos. Este cambio no es simplemente subjetivo o relativo. Es un cambio real, porque este alimento tiene un nuevo significado basado en la práctica de la Iglesia.

La transignificación es una recuperación de las posiciones de Ratramnus y Berengar. Y hay que recordar que estas dos posiciones no son del todo malas. Enfatizan que los signos del pan y el vino realmente importan y que lo que la Iglesia hace con estos signos es parte del significado del sacramento. Pero al igual que Ratramnus y Berengar, la transignificación evita la cuestión de un cambio objetivo en el sacramento. La Iglesia, en su culto eucarístico, apunta a una transformación del pan y el vino que no sólo está vinculada al significado. Lo que parece pan y vino es ahora la Palabra hecha carne, la presencia de Jesucristo habitando entre nosotros.

Esta presencia personal, el don de amor que se hace disponible a través del sacramento, es la preocupación de santo Tomás de Aquino. Él no es el inventor del término *transubstanciación*. Lo recibe de las controversias eucarísticas que envolvieron a la Iglesia entre los siglos IX y XII. En el mismo Concilio de Letrán IV que exigió la recepción anual de la Eucaristía, la doctrina de la transubstanciación fue adoptada por la Iglesia en 1215 como la forma privilegiada de hablar de la presencia real: "El cuerpo y la sangre [de Jesucristo] están verdaderamente contenidos en el Sacramento del Altar bajo las apariencias externas del pan y el vino, habiéndose transubstanciado el pan en el cuerpo y el vino en la sangre".[16] Tomás de Aquino recibe la doctrina de la transubstanciación, extrayendo sus implicaciones para la vida eucarística del cristiano como criatura hecha para adorar a Dios.

LA EUCARISTÍA, LA CRIATURA Y EL TIEMPO EN LAUDA SION

Santo Tomás de Aquino es conocido por muchos católicos como un teólogo que escribió obras como la *Summa Contra Gentiles* (una obra de apologética) y la *Summa Theologiae* (un texto pedagógico para estudiantes de teología). Pero menos conocida es la devoción eucarística que cultivó el sacerdote dominico a lo largo de su vida. Cuando en 1264 el papa Urbano IV estableció la fiesta del Corpus Christi, en conmemoración del Cuerpo y la Sangre de Cristo, se pidió a Tomás de Aquino que escribiera los diversos textos e himnos para la celebración de la fiesta, debido a su pensamiento y devoción eucarísticos. Además, durante la celebración de la Misa en el año 1273, Tomás de Aquino recibió una visión en la que vio que todo el trabajo de su vida no era más que paja comparado con la presencia purificadora de Dios en la Eucaristía, lo que le llevó a abandonar por completo la finalización de la *Summa Theologiae*.[17] Tomás de Aquino murió en 1274, con su *Summa* inacabada. Los textos del Corpus Christi, tal como se utilizan en el oficio Romano de la Iglesia, no fueron descubiertos por sus hermanos dominicos hasta 1323, casi cincuenta años después de su muerte.

En estos textos para el oficio del Corpus Christi se descubre un resumen poético de la devoción de Tomás de Aquino a la presencia eucarística. Dicha devoción, para Aquino, está relacionada con el tiempo. Ahora bien, a menos que hayas pasado mucho tiempo en un curso de filosofía, es posible que no hayas pensado en el tiempo como algo especialmente preocupante. Por la mañana, te levantas. Son las 6:30. Desayunas, vas al gimnasio, te diriges al trabajo, pasas el día en reuniones, vuelves a casa, das de comer y bañas a los niños, ves un programa sin sentido en cualquier servicio de streaming de vídeo que utilices y te vas a la cama. Haces esto todos los días (con el tiempo, a tus hijos ya no les interesa que los bañes tú) y, después de cincuenta años, te jubilas.

La narrativa de la vida descrita anteriormente debería hacernos reflexionar. ¿Nuestra única experiencia del tiempo es lineal o funcional? ¿Se mide el tiempo exclusivamente por las horas del día o cuando tenemos que estar en algún sitio? Afortunadamente, no. Existimos y experimentamos el mundo inmersos en el tiempo. Cuando se es joven, el tiempo avanza lentamente. Mi hijo espera su próximo cumpleaños con ansia. A medida que crecemos, adquiriendo más experiencia, el tiempo se acelera. Cuando somos felices, un día parece un momento, un mes una semana y un año un mes. Cuando sufrimos, un día parece un año, un mes un milenio y un año interminable. El tiempo también es cualitativo, no sólo funcional o lineal.

Para nosotros, las criaturas, el tiempo no es sólo algo que medimos, como el paso del sol. Más bien, el tiempo está ligado a lo que significa ser una criatura. Existimos en el tiempo. Nacemos, vivimos y morimos siempre *en el tiempo*. Y depende de nosotros determinar si recibimos este tiempo como un don.

Aprender a recibir el tiempo como un don requiere que nos enfrentemos a lo que significa ser una criatura que tiene un pasado, un presente y un futuro. Primero debo reconocer que poseo un pasado. Las cosas me suceden en el tiempo. No puedo volver a que sucedan, sólo puedo recordar lo que ocurrió. Érase una vez un estudiante de Notre Dame. Tengo recuerdos de tardes pasadas en quads, viajes con amigos y tiempo en clase. Pero esos datos sólo están a mi alcance a través del recuerdo. En la memoria, puedo evocar imágenes del pasado, pero no puedo volver a la presencia de un solo momento en el tiempo. Puedo estar agradecido por esos recuerdos, ver cómo han conformado lo que soy, pero no revivirlos.

Sin embargo, la memoria no se reduce a un acto mental. A menudo, parece formar parte de nuestro propio cuerpo. Cuando estoy en el este de Tennessee en julio, hay un olor en el aire que me lleva instantáneamente a recordar los veranos pasados en un campamento de Boy Scouts. El olor está relacionado con el acto de recordar. No sólo a través de la imagen, sino también de la sensación, "rememoro" un momento de mi vida, sintiendo que me he transportado al campamento una vez más. Los malos recuerdos también viven en nuestro cuerpo. Quienes sufren un trauma, como una agresión sexual, se encontrarán recordando la agresión cuando estén presentes en el lugar donde ésta tuvo lugar.

Nuestra tarea consiste, pues, en acoger el pasado en el presente, reconociendo tanto las penas como las alegrías. Pero esto nos resulta difícil porque no siempre estamos atentos al momento presente. Pasamos el tiempo en nuestros teléfonos inteligentes, sin atender a lo que tenemos delante, sino al ídolo de una pantalla. Deseamos nuestra existencia, esperando a que llegue el siguiente momento emocionante. Cuando mis hijos crezcan, entonces habrá tranquilidad. Y sin embargo, si vivo mi vida esperando un futuro, nunca atiendo a lo que ocurre aquí y ahora. Nuestra incapacidad para considerar el presente también es evidente entre quienes no pueden escapar del pasado. Puedo recordar mi infancia, añorando con nostalgia el regreso a los veranos pasados en el este de Tennessee. Esa nostalgia podría imposibilitarme vivir en el presente de mi existencia material y encarnada en el norte de Indiana.

El futuro también hay que recibirlo, transformarlo en un regalo. Es un regalo extraño, porque el futuro vendrá a nosotros nos guste o no. Incluso mientras estás leyendo estas palabras, el presente está muriendo, y el futuro llega.

En su mayor parte, podemos proyectar ciertas dimensiones de este futuro. Ésa es la buena noticia. Esperamos que mañana salga el sol, que nos den otro día para vivir. Pero saber que hay un futuro no es lo mismo que saber en qué consiste ese futuro. Sí, mañana saldrá el sol, pero ¿será mi último día? Todos moriremos. No hay forma de escapar a la cualidad terminal de cada vida. De hecho, esto es a menudo lo que hace que ser una criatura sea tan difícil. Caminamos sabiendo que nuestro tiempo es limitado. Nuestra muerte no es simplemente el borrado de una existencia personal, sino el probable borrado de cualquier recuerdo relacionado con quién soy. Seré olvidado. Seguro que los nietos me recordarán durante cincuenta años, pero después quedaré relegado a un nombre al azar en un proyecto de historia familiar. Pensar en el futuro es siempre pensar en nuestra finalidad, en nuestra muerte final e incluso en el temor real de que nos olviden. Sin embargo, como criaturas en el tiempo, estamos llamados a recibir la muerte como un don.

La teología eucarística de Tomás de Aquino se preocupa por nuestro lugar en el tiempo como criaturas que recuerdan un pasado, que existen en el presente y que poseen un futuro ligado a la muerte. Debemos aprender a habitar este espacio como un don, y la Eucaristía es la pedagogía suprema para enseñarnos el don del tiempo. En una antífona que escribió para la oración vespertina de la fiesta del Corpus Christi, rezamos: "Oh sagrado banquete en el que se recibe a Cristo, se evoca la memoria de su pasión, se llena la mente de gracia y se da una prenda de la gloria futura. Aleluya". Al recibir a Cristo, realizamos un acto de memoria. En la adoración presente de Cristo amado, nos llenamos de la gracia del sacramento. Y recibimos un vislumbre de la gloria futura al participar en el banquete sagrado. El culto eucarístico es el lugar donde nos llega el don del pasado, del presente y del futuro.

Para Tomás de Aquino, parte del don de la Eucaristía es que nos permite recibir varias veces a la vez como don. Así lo señala en su primera pregunta sobre la Eucaristía en la *Summa Theologiae*.[18] En el cuarto artículo, pregunta 73, se pregunta si el sacramento debe llamarse con diversos nombres, como Eucaristía (que significa "buena gracia"), Viático (pan para el camino), Sacrificio y Comunión.[19] Tomás de Aquino afirma la variedad de nombres para este sacramento porque los fieles utilizan cada uno de estos términos para la Eucaristía. Pero sostiene que el sacramento puede denominarse de manera diferente según se refiera al pasado, al presente y al futuro. En el pasado, es un sacrificio. En el presente, realiza la comunión entre Dios y la Iglesia. Y en el futuro, nos orienta hacia el don de la vida eterna en cuanto "realmente contiene a Cristo, quien es lleno de gracia."[20] Las diversas denominaciones de la Eucaristía son temporales y remiten al creyente al recuerdo de lo que se realiza por la gracia, a la comunión recibida en la Eucaristía y a la concesión futura de la gracia en la visión beatífica: ver a Dios cara a cara en la comunión de los santos.

Pero Tomás de Aquino complica estas fáciles distinciones entre pasado, presente y futuro eucarísticos en el siguiente artículo. La institución del Sacramento de la Eucaristía tiene lugar en el *pasado*, en la Última Cena. Cuando Cristo se va a separar de sus amigos, "se dejó a sí mismo con ellos bajo las especies sacramentales; como la imagen del Emperador se establece para ser reverenciada por su ausencia".[21] La Eucaristía ofrece al creyente una "presencia" de una persona que, aunque reina sobre la creación, no está aquí de forma física. La analogía es adecuada. El sacramento de la Eucaristía se asemeja a la imagen del Emperador. Es el Cuerpo de Cristo que se pone a disposición a través de la hostia: Jesús está ahí, aunque no sea visible. Es el sacrificio de Cristo, la glorificación de su humanidad en la Resurrección, lo que se pone a disposición a través de la Eucaristía. La Eucaristía se da justo antes de la Pasión para que quede impresa en la memoria de los discípulos, cuyo recuerdo será tan fuerte que la muerte de Nuestro Señor permanecerá siempre en el presente: "Porque las últimas palabras, principalmente las que pronuncian los amigos que se van, se graban más profundamente en la memoria; porque entonces se enciende más especialmente el afecto por los amigos, y las cosas que más nos afectan son las más profundas en el alma".[22] Aquino está argumentando que la Eucaristía, incluso como sacrificio, no puede ser relegada al pasado porque es el don de la presencia concedida a los amigos. El Emperador no sólo nos ha dado una imagen de su presencia, sino que se ha dado a sí mismo.

Incluso las figuras o tipos de la Eucaristía del Antiguo Testamento se mueven entre el pasado, el presente y el futuro. En el último artículo de la pregunta 73, Aquino señala que hay tres cosas que pueden considerarse en la Eucaristía. La primera es el sacramento solo (*sacramentum tantum*), que consiste en el pan y el vino. Es lo que podemos ver, lo que está sobre el altar antes de la consagración. El segundo es el sacramento y la realidad (*sacramentum et res*), que es el verdadero Cuerpo de Cristo. Pero nótese que Aquino no descarta el signo sagrado (*sacramentum*) aunque se haga presente la realidad del Cuerpo de Cristo. La presencia eucarística de Cristo se da sólo en el sacramento y la realidad juntos, lo que parece pan y vino. El pan y el vino, aunque su sustancia haya cambiado, siguen desempeñando un papel fundamental. La tercera es la realidad sola (*res tantum*), que es el efecto del sacramento: la unión con Cristo y la Iglesia. La realidad apunta hacia la comunión perfecta que es el cielo mismo. El Cordero Pascual es una figura de la Eucaristía que reúne el pan y el vino, el sacrificio de Cristo y la presencia del goce futuro representado por la Tierra Prometida. En este único tipo, se dan a la vez los diversos tiempos de la Eucaristía.

Aunque no es la *Summa*, esta conexión entre transubstanciación y tiempo se encuentra claramente en el himno eucarístico *Lauda sion*, compuesto por santo Tomás de Aquino. *Lauda sion* es lo que se conoce como una secuencia. Una secuencia precedía a la lectura del evangelio en la Misa. Aunque originalmente comenzaba como un alegre canto de notas musicales que seguía al salmo y precedía al aleluya, la secuencia se convirtió en un comentario sobre el evangelio y la fiesta del día. Para la fiesta del Corpus Christi, la lectura del Evangelio se toma del discurso del pan de vida de Juan 6. La *Lauda sion* de Aquino es un comentario sobre las palabras de Jesús: "El que come mi carne y bebe mi sangre permanece en mí y yo en él" (Jn 6:56).

La poesía de Aquino no es exactamente lo que esperamos cuando pensamos en poesía. Podemos creer que la poesía no está hecha para el difícil trabajo de presentar la doctrina teológica. Pero no para el Doctor Angélico. Como escribe el teólogo alemán Jans-Heiner Tück sobre Aquino, "no sólo era un pensador filosófico y teológicamente hábil, sino también un hombre de profunda oración, que llevaba sus consideraciones especulativas a su contemplación meditativa".[23] Su poesía representa creativamente la doctrina de la transubstanciación a través del verso, permitiéndonos, como criaturas, reconocer no sólo el don de la Eucaristía, sino el tiempo mismo.

Lauda sion es un poema estructurado en torno al tiempo eucarístico.[24] Comienza con el pasado de la Última Cena, avanza hacia la presencia eucarística del sacrificio de Cristo y termina con un anticipo de la visión beatífica. Las primeras estrofas dicen:[25]

> Alabado sea Sión, el Salvador
> Alabado sea el rey y pastor,
> en himnos y cánticos,
> cuanto seas capaz, atrévete a tanto:
> porque él es más grande que cualquier alabanza,
> no se puede alabar lo suficiente.
>
> El tema especial de la alabanza,
> el pan vivo y vivificante,
> se pone hoy ante los ojos.
> Lo que en la sagrada mesa de la cena,
> a la banda fraternal de los Doce
> se dio, no debe cuestionarse.
>
> Que la alabanza sea plena, que sea sonora; que sea grata,
>   que sea recta.
> el júbilo de la mente.
> Porque celebrado es el día solemne,
> sobre la que se recuerda
> la primera institución de esa comida.
> En esa mesa del nuevo Rey,
> la nueva Pascua de la antigua Ley;

concluye el viejo tiempo.
La nueva realidad pone en fuga lo viejo,
la verdad a la sombra,
la luz destierra la noche.

Lauda sion sumerge al cantor desde el principio del himno en una multiplicidad de tiempos. Al referirse a Sión, Aquino se dirige a la Iglesia como realidad presente y futura: la asamblea reunida y la ciudad de Jerusalén donde el Cordero una vez inmolado morará entre los santos. Además, recuerda los textos bíblicos que se leían en Misa momentos antes de cantar la secuencia.

La relación con el tiempo y la Eucaristía no se aborda en el himno como un problema filosófico para dominar. Los diversos tiempos que cada uno de nosotros experimenta, así como la presencia de Cristo en la Eucaristía, se abordan a través de la doxología o alabanza. La alabanza es el lenguaje apropiado de la criatura ante Dios. En lugar de controlar a Dios, la alabanza deja a Dios ser Dios. Como forma de hablar, ya no dice "algo *sobre* algo . . . sino que significa precisamente que no estoy diciendo nada *sobre* Dios, o más bien significa *a* Dios que le reconozco sólo a Él como Dios".[26] En la alabanza, entro en la presencia de Dios a través de un acto de reconocimiento de Dios como Dios. Reconocer la insuficiencia de la alabanza ante Dios forma parte de la entrada en esta presencia. Si mi alabanza fuera suficiente, si mi adoración fuera suficiente, entonces Dios se reduciría a mis palabras. El don de Dios supera todo lo que la criatura receptora puede ofrecer a cambio. Aunque alguna vez no haya alabado suficientemente a Dios, ahora es posible retomar esta alabanza.

Esta alabanza a Dios, en la fiesta del Corpus Christi, tiene un tema especial. Este tema es el pan vivo y vivificante. No se alaba una abstracción, sino el don de lo que parece pan y vino. Nótese que Aquino todavía no llama a este pan el Cuerpo de Cristo. Y, sin embargo, reconoce que este pan es algo más de lo que los sentidos pueden percibir. Presenta ante nuestra imaginación la Última Cena. Utiliza el lenguaje para velar el misterio de la Eucaristía. El lenguaje no es un instrumento técnico, sino aquello que nos permite acercarnos lo mejor posible al misterio de la Eucaristía. Así como este pan es más que un simple pan, también aquella Última Cena fue más que una "última" comida. Uno aprende a ver el "más", según Aquino, a través del deseo cultivado por una cierta reserva en torno a nuestro discurso. Al no decir de una vez todo lo que se puede decir, Aquino llama nuestra atención sobre la presencia eucarística de Cristo.

Una vez más, el himno se convierte en alabanza. Cada frase está en subjuntivo: que sea (como la canción de los Beatles). Aquino nos invita a recordar el acto de la creación. En la Vulgata (la Biblia latina), Dios crea en el Génesis utilizando el subjuntivo. Pronuncia una palabra diciendo: "Hágase la luz" (*Fiat lux*). Al emplear el subjuntivo, Aquino está mostrando el modo en que incluso el acto de alabanza viene como un don, de la presencia de un Dios que es pura generosidad. Y ese acto original de generosidad, de creación del mundo en el amor, se da una vez más en la Última Cena. Cantar este himno es dejarse recrear.

La estrecha relación entre la creación y la Eucaristía no es casual. Para Aquino, existe una diferencia entre la creación del mundo a partir de la nada y el cambio sustancial que tiene lugar en la Eucaristía. Pero del mismo modo que la creación se produce a través de la Palabra de Dios, la presencia de Cristo en el Santísimo Sacramento tiene lugar a través de la pronunciación de las palabras del relato de la institución. La Última Cena puede estar en el pasado, pero a través del sacerdote que retoma las palabras de Cristo, se hace presente para nosotros aquí y ahora.

La última sección de la apertura de *Lauda sion* nos saca del pasado para llevarnos a la presencia "presente" de la actividad salvadora de Dios. Por primera vez, Aquino se refiere a la Última Cena como la "nueva Pascua". El lenguaje de esta estrofa requiere un poco de atención. Podría conducir a un antisemitismo que la Iglesia rechazó en el Concilio Vaticano II. Uno puede leer estas líneas y decirse a sí mismo: "Lo viejo no importa porque lo nuevo está cerca". Se trata de un peligroso error de lectura. La novedad de la Pascua no es la desaparición de las figuras de salvación del Antiguo Testamento. Las figuras siguen significando. Más bien, la novedad es el cumplimiento. Lo nuevo es que lo que Cristo realizó en el pasado sigue estando a disposición de los creyentes aquí y ahora. Se sigue dando en su presencia. Esta presencia de amor es la fuente del júbilo del cantante al comienzo de *Lauda sion*, un don concedido no de una vez por todas, sino cada día que la Iglesia celebra el sacrificio de la Misa.

> Lo que Cristo llevó a cabo en la cena,
> esto expresó que se hiciera
> en su propia memoria.
> Haber recibido enseñanzas sagradas,
> consagramos el pan y el vino
> como sacrificio de salvación.

> A los cristianos se les da el dogma de que
> el pan se transforma en carne
> y el vino en sangre.
> Lo que no entiendes, ni ves,
> una fe fuerte hace firme,
> más allá del orden de las cosas.

> Bajo diversas especies,
> sólo signos y no cosas,

ocultan realidades notables.
La carne es alimento,
la sangre es bebida,
sin embargo todo el Cristo permanece
en cada especie.

Para el comulgante, sin trocear
no roto, no dividido,
se le recibe entero.
Uno recibe, mil reciben;
como muchos reciben, que mucho es;
como recibido no es consumido.

Los buenos reciben, los malos reciben,
sin embargo su destino es la vida desigual o
    la destrucción.
Muerte a los malos, vida a los buenos.
He aquí, de igual consumo
hay una salida desigual.

Cuando finalmente el sacramento se fractura,
no vaciles, pero recuerda
cuánto hay debajo de cada fragmento,
tanto como oculta en el conjunto.
O división deshace la realidad,
aunque se fracturara todo el signo,
pues ni el estatus ni la estatura
del significado se reduce.

He aquí el pan de los ángeles,
convertido en el alimento de los caminantes,
es verdaderamente el pan de los hijos,
que no se eche a los perros.

> En cifras se prevé;
> cuando Isaac fue sacrificado,
> el Cordero Pascual fue asignado
> el maná fue dado a los padres.

La segunda parte de *Lauda sion* desplaza la atención del cantante hacia la acción de la Iglesia. Pero el pasado no queda atrás. La acción de la Última Cena continúa en la celebración eucarística de la Iglesia, en el sacrificio de la Misa.

Aquino aborda el rito de la Eucaristía y su conexión con el acontecimiento histórico de la Pasión en la cuestión 83 de la *Summa Theologiae*. Para Aquino, el rito es un sacrificio en dos sentidos. En primer lugar, toda la celebración es una imagen del sacrificio de Cristo.[27] En artículos posteriores de la pregunta 83, Aquino especifica cómo la Misa presenta la Pasión de Cristo a través del tiempo de la celebración eucarística, el espacio en el que se utiliza el sacrificio, el lenguaje del rito y los gestos realizados por el sacerdote. Cuando el sacerdote estiende sus brazos, como Cristo lo hizo en la cruz, somos llevados el sacrificio de Cristo en nuestro propio cuerpo.[28] La celebración regular de la Eucaristía en la Iglesia mantiene viva esta memoria "como un itinerario de persuasión, de conocimiento de historias e identidades aprendidas a través de su constante repetición, ordenadas hacia la fuente propia y el objeto de todo conocimiento".[29]

La imaginería de la Misa no es el único modo en que el sacrificio de Cristo se hace presente en la Eucaristía. Como escribe Aquino en la cuestión 83, la celebración del sacramento "se llama sacrificio por el efecto de su Pasión: porque, a saber, por este sacramento somos hechos partícipes del fruto de la Pasión de nuestro Señor".[30] Los frutos de la Pasión de Cristo, presentes incluso en los tipos del Antiguo Testamento, se ponen a disposición de los fieles a través de la celebración eucarística. Estos frutos se producen porque es Jesucristo quien se hace presente en la Eucaristía. La presencia de Cristo en el sacramento está relacionada con la disponibilidad del sacrificio del Señor para el creyente.

La doctrina de la transubstanciación, tal como se presenta en *Lauda sion*, es una meditación sobre la presencia de Cristo en las especies eucarísticas como Salvador. No es un argumento. El cambio eucarístico, como señala Aquino, no es perceptible a los sentidos. Se transmite por la memoria de la Iglesia. Los sentidos no perciben en el presente más que el pan y el vino. No existe un modo ordinario para que el ser humano pase de la percepción a la realidad. Sólo la fe basta para reconocer esta presencia. La fe está en el poder de la propia Palabra de Dios para efectuar este cambio, para hacer que el pan y el vino no sean sólo figuras de la presencia de Cristo. La apariencia del pan y del vino es la única forma que tenemos de acceder a la presencia de Cristo. El presente, en toda su materialidad, no puede escaparse. Y, sin embargo, hay un corazón que aprende a ver en el sacramento más de lo que está al alcance de los sentidos.

Lauda sion ofrece un relato poéticamente rico de lo que ocurre en la transubstanciación del pan y el vino en el Cuerpo y la Sangre de Cristo. Ya conocemos bien esta enseñanza: el pan y el vino se transforman sustancialmente en el Cuerpo y la Sangre de Cristo, mientras que los accidentes permanecen. Esta transformación sustancial tiene lugar inmediatamente.

Este último punto es importante para Aquino, sobre todo para comprender la relación de la Eucaristía con la creación. En la pregunta 75 de la *Summa Theologiae* se pregunta si la sustancia del pan y del vino se aniquila o se destruye en lugar de convertirse. No se trata de una distinción arcana. Aquino determina que el cambio sustancial no es una aniquilación precisamente porque la Eucaristía es una actividad de Dios. Citando a Agustín, Aquino escribe: "'Dios no es la causa de tender a la nada'. Pero este sacramento es obrado por el poder divino. Por tanto, en este sacramento la sustancia del pan o del vino no se aniquila".[31]

El lenguaje de la aniquilación significaría que el orden creado fue destruido por Dios. Pero las palabras utilizadas por Cristo en la Última Cena no son un acto de destrucción, sino de donación de sí mismo. Cristo dice que este pan es su Cuerpo y que su vino es su Sangre. Lo que se da en la Eucaristía no es un devenir, en el que las sustancias del pan y del vino se desvanecen. Es la presencia total de Cristo, un cambio que se produce inmediatamente cuando el sacerdote pronuncia las propias palabras de Cristo. La transubstanciación no es un acto humano, un cambio natural, sino que es Dios transformando el pan y el vino en Cuerpo y Sangre al pronunciar las palabras de Cristo aquí y ahora.

El extenso comentario de *Lauda sion* sobre la presencia de Cristo a través de los signos del pan y el vino pretende reformarnos para que dejemos de pensar en la presencia eucarística de un modo puramente físico. El pan es carne, el vino es sangre. Pero no pensemos en esto como un cambio físico. Recuerde el peligro de una teología de carnicería que se aborda en la primera parte de este capítulo. En la cuestión 76, artículo 1 de la *Summa Theologiae*, Aquino describe cómo Cristo entero está presente en cada especie del sacramento. Bajo el signo del pan, se hace presente el Cuerpo de Cristo; y bajo el signo del vino, su Sangre.

Pero el Cuerpo y la Sangre no pueden separarse de toda la persona de Cristo. Aquino llama a esto concomitancia natural. Donde hay Cuerpo, hay también Sangre, así como Alma y Divinidad. Es Cristo entero quien se hace presente. Esta presencia no significa que Cristo deba abandonar el cielo. Cristo no está presente en el sacramento como en un lugar; no se desplaza, atrapado en el pan y el vino.

Debido a que la presencia es sustancial (en lugar de física), cuando recibimos el Santísimo Sacramento, no estamos recibiendo parte de Cristo. Cuando se parte el Cuerpo de Cristo en el rito de la fractura, no hay grito del reino celestial. Cada pedacito de ese pan, cada pedacito de ese vino, se ha convertido en la sustancia del Cuerpo y de la Sangre de Cristo. Allí, en ese altar, Cristo se ha entregado por entero, que es el significado de las palabras "Esto es mi Cuerpo" y "Esta es mi Sangre". El don eucarístico es que en mi presente (aquí y ahora), Dios me hace presente a sus obras salvadoras.

Este es un punto importante. Para Aquino, no queda nada sustancial del pan y el vino. Aquí está rechazando una posición que probablemente fue sostenida en la Iglesia primitiva al menos por algunos de los Padres: la consubstanciación, es decir, que las sustancias del pan y el Cuerpo, el vino y la Sangre existen unas junto a otras. El rechazo de la consubstanciación se basa en las propias palabras de Cristo en la Última Cena.[32] Porque nos dijo una vez que esto es su Cuerpo y esto es su Sangre, entonces eso es lo que "esto" es. El poder del Espíritu Santo transforma cada migaja eucarística en su presencia personal total.

Esa transformación, sin embargo, no significa que desaparezca toda materialidad en el sacramento. El lenguaje del himno lo pone de relieve. El sacramento se fractura, se rompe y se mastica. Hay algo material. Los accidentes permanecen. Y la presencia de los accidentes, lo que hace que el pan sea pan, lo que hace que el vino sea vino, es un milagro. Para Aristóteles, no existe ninguna sustancia que se transforme en otra conservando sus accidentes. Cuando se rompe un huevo y se cuece en el fuego, se produce un cambio en su aspecto: el olor, la textura y el sabor. No ocurre lo mismo en la Eucaristía. Las especies del pan y del vino permanecen y, por tanto, siguen actuando como el pan y el vino.

Sólo Dios puede mantener los accidentes incluso después de que la sustancia haya cambiado. Aquino escribe en la cuestión 77: "Dios, que es la causa primera tanto de la sustancia como del accidente, puede, por su poder ilimitado, conservar en existencia un accidente cuando la sustancia se retira . . . igual que . . . puede producir otros efectos de causas naturales, incluso como formó un cuerpo humano en el seno de la Virgen".[33] Esos accidentes importan como importaron la carne y la sangre de Jesús cuando nació en Belén. El pan y el vino son signos materiales que apuntan a la Eucaristía como comunión con el Dios vivo. Pueden consumirse sin asco, disfrutarse como dulces regalos que Dios nos ofrece. Al fin y al cabo, el vino puede alegrarnos el corazón.

Aunque Aquino no lo dice explícitamente en el poema, nos está presentando una visión de la creación transformada por Cristo. Toda la sustancia del orden creado está destinada a ser transfigurada por el amor divino. Se trata de un cambio completo y absoluto. La criatura, en Cristo, debe cambiar por completo. Dios será todo en todos. Y, sin embargo, esa transformación no pide a la criatura que abandone la materialidad, incluida nuestra naturaleza limitada por el tiempo.

Así pues, Aquino no defiende el milagro de los accidentes como una forma conveniente de explicar cómo los accidentes permanecen cuando la sustancia ya no existe. Es una verdad espiritual la que presenta sobre la Eucaristía. La salvación no es un plan de fuga, dejando atrás todo lo que existe para ascender al cielo. La transfiguración del momento presente comienza en el sacramento, cuando el cielo viene a la tierra.

Antes de que empiecen a sonar las arpas, debemos señalar que esta sección del himno funciona no sólo como una explicación poética de la Eucaristía, sino como una invitación al autoexamen. Si el cambio de la Eucaristía es objetivo, entonces el cristiano recibe a Cristo si es digno de hacerlo. La Eucaristía es un momento de juicio.

Más detalladamente, en la *Summa Theologiae*, Aquino describe la gracia o don que se recibe en la Eucaristía. En la Eucaristía, el don de la gracia está relacionado con la presencia del Señor bajo las especies sacramentales: "El efecto de este sacramento debe ser considerado, primero que todo y principalmente, desde lo que es contenido en este sacramento, lo cual es Cristo".[34] "Después de la consagración, el sacramento ya no es una "cosa" o un "objeto", sino la presencia personal de Jesucristo. Lo que Cristo hizo en la tierra, otorgando el amor divino, lo hace ahora a través del sacramento. Esto incluye el don de la caridad que otorgó como su Pasión: la sangre derramada por la salvación del mundo. Pero el don se otorga, como señala Aquino, en forma de alimento. El alimento material de la Eucaristía debe otorgarnos deleite espiritual. Asimismo, debe conducirnos a una unidad más profunda en la Iglesia, del mismo modo que el pan se elabora a partir de muchos granos y el vino procede de una pluralidad de uvas. La presencia personal de Cristo, la unión más profunda con la Iglesia, se da en el modo de lo que parece pan y vino.

Y, sin embargo, uno puede acercarse a este sacramento de una manera poco digna. Uno podría acercarse al altar para recibir la Eucaristía como *mero* pan y vino. Si uno se acerca al sacramento en pecado mortal, eso es lo que está haciendo. Imaginemos que una persona se acerca al sacramento mientras está inmersa en una larga relación extramatrimonial. La persona es consciente de que esta aventura es una ruptura de los lazos del Sacramento del Matrimonio. Sabe lo que hace. Y, sin embargo, esta misma persona se acerca a la presencia misma de Jesucristo, recibiendo su Cuerpo y su Sangre, sin ningún deseo de reformar su vida. La presencia objetiva total de Cristo está allí, invitando a hombres y mujeres hacia la conversión. Pero acercarse al altar aislado de la comunión con Cristo significa comer y beber para la propia condenación. Es negarse a que Cristo transforme el pasado, el presente y el futuro.

Por supuesto, ningún hombre o mujer podría acercarse a este sacramento con total pureza. Cada uno de nosotros deja de ofrecer ese don de amor al Dios que lo ha dado todo. Esto es lo que la Iglesia entiende por pecado venial. El sacramento, porque es la presencia del amor total de Cristo que se entrega, nos sana de esos pecados por medio del amor. Como escribe Aquino: "La realidad de este sacramento es la caridad, no sólo en cuanto a su hábito, sino también en cuanto a su acto, que se enciende en este sacramento; y por este medio se perdonan los pecados veniales".[35] La recepción del sacramento requiere un momento de discernimiento para todos. ¿Deseo recibir la presencia personal de Cristo, contagiarme del amor no sólo de los hombres, sino de Dios mismo? ¿Me acerco con devoción al sacrificio de la Misa? Recibir este sacramento con el deseo inflamado es descubrir de nuevo el fervor de la devoción, dedicar tiempo a deleitarse en la presencia de Cristo. El pasado se sana reflexionando sobre el deseo de acogida en el presente.

Esta es, en definitiva, la finalidad de la adoración eucarística. Por eso comemos y adoramos la Eucaristía. Detenerse en una capilla y doblar la rodilla ante el Santísimo Sacramento no es decir "la Eucaristía no es para comer". Sino que es prepararnos para comer correctamente, con la debida devoción a la presencia que se nos da en el Santísimo Sacramento.

Ya se trate de pecado mortal o venial, Aquino nos pide que recordemos nuestras vidas teniendo en cuenta la presencia eucarística de Cristo. Es esta presencia la que reforma nuestros recuerdos, permitiéndonos ver dónde se ha enfriado nuestro corazón al alejarnos del calor ardiente de la caridad. La esperanza del sacramento es que los pecados pasados puedan ser perdonados, sanados a través del recuerdo de la presencia de Cristo que habita en el sacramento: *"En el recuerdo eucarístico, se nos recuerda que el pasado tiene ante sí un futuro que aún no se ha manifestado"*[36].

Habiéndonos guiado a través de la doctrina de la transubstanciación, Aquino nos lleva una vez más a concentrar nuestra atención en el Santísimo Sacramento. Ya no es sólo el pan y el vino lo que atrae nuestro interés. Lo que está sobre el altar es el pan de los ángeles, el maná enviado del cielo, no el alimento de los perros. Lo que se nos da en la Eucaristía es lo que nos hace hijos e hijas de Dios. Se abordan de nuevo los tipos recordados de la Eucaristía: el sacrificio de Isaac en el Génesis, la inmolación del Cordero Pascual y el maná del cielo. En este momento de encuentro eucarístico, de contemplación de la hostia, se unen pasado, presente y futuro. Ya no hay anticipación. La presencia eucarística de Cristo lo es todo: el pasado que se nos ha dado para nuestra redención, la gracia que se nos ofrece en un corazón ahora lleno de caridad, y el advenimiento de una esperanza futura de que Dios nos transforme completamente en ciudadanos de Sión.

> Buen pastor, verdadero pan,
> Jesús, ten piedad de nosotros;
> nos pastoreas, nos cuidas,
> nos haces ver lo bueno
> en la tierra de los vivos.
>
> Tú, que lo sabes todo y estás lleno de poder,
> que nos pastorean aquí a los mortales:
> conviértenos allí en tus compañeros de mesa,
> coherederos y compañeros

de los ciudadanos celestiales.
Amén.

Al principio de *Lauda sion*, ofrecimos alabanzas a Dios por el don del Rey y Pastor. Ahora esa alabanza recibe una nueva dirección. Ya no es una alabanza general, sino dirigida a la presencia de Cristo en la Eucaristía. Por fin, se dirige a la Eucaristía no por lo que es, sino por quién es: "Jesús, ten piedad de nosotros".

La transubstanciación no es una objetivación de la presencia de Cristo. La hostia no es tratada como un objeto. Ese es todo el sentido de la transubstanciación. La Eucaristía es Jesús, una presencia objetiva de una persona que no desaparece al concluir la Misa. Jesús sigue apacentándonos, velando por sus ovejas en la Eucaristía. La Eucaristía se orienta hacia un futuro, hacia nuestro llegar a ser dignos compañeros de Jesús. Jesús es Dios. Posee todo el conocimiento y el poder. Y, sin embargo, en el amor vaciado de sí mismo, se convierte en nuestro pastor que nos alimenta y nos riega en este viaje mortal.

Cuando comemos el Cuerpo y la Sangre de Cristo en la Eucaristía, tenemos un verdadero anticipo de la vida celestial. El futuro es ahora. Cuando nos reunimos con la Iglesia para recibir el Santísimo Sacramento, para contemplar la hostia con admiración, nos convertimos en lo que recibimos. En el Cuerpo de Cristo hay comunión total, y eso es lo que la Iglesia debe llegar a ser. La presencia sustancial de Cristo en la Eucaristía, no visible, es lo que un día percibiremos en la visión beatífica. Es lo que disfrutan cada día los ciudadanos del cielo, alimentándose de la presencia de Cristo cara a cara en una comunión perfecta de amor.

Pero el presente sigue siendo importante. En la Eucaristía, hay una visión de nuestro destino inseparable del encuentro material con el Santísimo Sacramento. Hay que acercarse al altar, comiendo y bebiendo lo que hay, y anhelar lo que aún espera. La Eucaristía es la presencia sustancial de Cristo, pero encontrar esta presencia no significa dejar de anhelar la plenitud de la comunión. La alegría eucarística no es la de un éxtasis ebrio. Recibimos ese don de amor que nos devuelve a la historia, al mundo que aún debe ser plenamente redimido.

CONCLUSIÓN

Como criaturas, vivimos en, con y a través del tiempo. No hay escapatoria. Pero en la doctrina de la transubstanciación, la presencia sustancial de Cristo que se nos da bajo los accidentes reales del pan y el vino, aprendemos a permanecer en el tiempo como un don. El pasado no es algo de lo que estemos aislados. El sacrificio de Cristo se hace presente aquí y ahora: es un pasado hecho presente, un presente que se nos da desde el pasado. Por eso, el presente no es un tiempo que debamos soportar, sino que es el tiempo en el que recibimos a Cristo entero a través de comer y beber las especies eucarísticas. Nuestro presente, el orden material, puede impregnarse del recuerdo de la Pasión de Cristo. En esto consiste la santificación cristiana. En la Eucaristía, no dejamos atrás nuestro deseo de más, de un horizonte que está delante de nosotros. Queda el encuentro cara a cara con Cristo en el cielo, la comunión perfecta de los santos entregados a la alabanza de Dios. La acogida eucarística es sobria, porque sabe que el presente tiene un futuro que será su cumplimiento último. Todo puede transfigurarse en el amor.

El relato de Tomás de Aquino sobre la transubstanciación es la forma más adecuada de hablar de la presencia eucarística porque nos permite recibir la Eucaristía, a nosotros mismos y al mundo entero como un don. Evita la presencia no objetiva que a menudo conlleva un relato simbólico de la Eucaristía, al tiempo que evita un relato caníbal de la Eucaristía. Por supuesto, el pan y el vino cambian de significado tras la consagración, es decir, la enseñanza de la transignificación. Del mismo modo, llegamos a ver en qué podrían convertirse realmente el pan y el vino, y toda la creación, lo que a menudo se denomina *transfinalización*. Pero estas enseñanzas, si se les da la primacía, tienden a olvidar la presencia objetiva, amorosa y misericordiosa que se da en la Eucaristía. Aquino concluye otro de sus himnos eucarísticos, "Adoro te devote", no dirigiéndose a lo que el pan y el vino podrían llegar a ser, a lo que podrían significar, sino dirigiéndose a Jesús mismo:

> Jesús, a quien ahora veo velado,
> ¿Cuándo llegará aquello de lo que tengo sed?
> Cuando, descubriéndote a cara descubierta,
> ¿seré bendecido para ver tu gloria?[37]

5.
DEVOCIÓN EUCARÍSTICA Y PRESENCIA REAL

Aunque la sustancia de Cristo no puede verse en la Eucaristía, el Señor puede percibirse a través de los sentidos cultivados en la devoción eucarística. Es este aspecto de la doctrina eucarística el que a menudo se olvida en la educación religiosa actual. Explicamos las partes de la Misa, la historia de la liturgia, y explicamos el significado de los diversos signos materiales utilizados en la Eucaristía. Pero la Eucaristía es un encuentro con la persona de Cristo. No estamos consagrados a la Misa como práctica, sino a la presencia del Dios vivo oculta por los signos del pan y del vino. Debemos aprender a acercarnos al Santísimo Sacramento con devoción, dejando que nuestros sentidos se sintonicen con la presencia eucarística de Jesucristo.

Afortunadamente, no tenemos que construir este programa de formación devocional por nuestra cuenta. El catolicismo cuenta con una rica literatura que ha formado los sentidos de los bautizados para reconocer la presencia eucarística de Cristo. En este capítulo, quiero presentar al lector a seis adoradores eucarísticos que cultivaron estos sentidos a través de la reflexión teológica y la devoción. En primer lugar, veremos a tres teólogas y adoradoras eucarísticas medievales que vivieron en el monasterio cisterciense de Helfta: Matilde de Magdeburgo (1207–1282), Matilde de Hackeborn (1241–1298) y santa Gertrudis la Grande de Helfta (1256–1302). Sus visiones eucarísticas pretendían formar a los lectores en una postura adecuada ante la presencia eucarística de Cristo. En las visiones de las tres, reconocemos la presencia eucarística de Cristo como el esposo que viene a alimentarnos con el maná más dulce. La Comunión es un anticipo de la Jerusalén celestial, y al vernos recibiendo el sacramento de este modo, cambia nuestra percepción de la Eucaristía. Al mismo tiempo, porque Cristo es el gran esposo, el encuentro eucarístico nos deja deseando la plenitud de la presencia de Cristo, una unión total que es el destino del cristiano en el presente.

Pero los místicos medievales no son los únicos que utilizan todos sus sentidos en el encuentro con la presencia eucarística de Cristo. En el siglo XX, figuras como Flannery O'Connor, Simone Weil y Dorothy Day formaron a sus lectores en una manera de ver a Cristo en la Eucaristía. En cada caso, la devoción eucarística no nos aleja del mundo material, sino que nos lleva a un reconocimiento más profundo de la presencia de un sacrificio de amor que ordena todas las cosas hacia Dios. El prójimo es amado, la violencia es sanada, a través de la Eucaristía.

LA EUCARISTÍA Y LAS MUJERES DE HELFTA

El siglo XIII fue una época de gran devoción eucarística. Y esta devoción fue especialmente prominente en un convento alemán en Helfta. El monasterio de Santa María de Helfta era un lugar extraordinario. Las mujeres de este monasterio recibían una educación en artes liberales y teología, al tiempo que participaban en una rica vida litúrgica. Siguiendo la Regla de Benito, las monjas de Helfta se inspiraron en las reformas de san Bernardo de Claraval y fueron atendidas por frailes dominicos, donde conocieron el pensamiento de san Alberto Magno y santo Tomás de Aquino.

Las monjas de Helfta compusieron una serie de textos ricos y visionarios destinados a formar la vida teológica y espiritual de religiosos y religiosas. Aunque gran parte de esta literatura se ha perdido, poseemos las obras de tres de estas mujeres: Matilde de Magdeburgo, Matilde de Hackeborn y Gertrudis la Grande de Helfta.

Matilde de Magdeburgo era beguina, es decir, una laica consagrada a Cristo que no estaba vinculada a ningún monasterio. Las beguinas pasaban el día rezando y atendiendo a los enfermos. Una de ellas (Juliana de Lieja) abogó por la fiesta del Corpus Christi. Matilde compuso en alemán una obra de meditaciones teológicas titulada *La Luz Fluyente de la Divinidad*. Esta obra, impregnada de las visiones de Matilde, retoma temas de la poesía amorosa cortesana medieval y los utiliza para describir el encuentro del alma con Dios. La última década de la vida de Matilde transcurrió en el monasterio de Santa María, con la comunidad religiosa de Helfta. Debido a su débil salud, el último libro de *La luz que fluye de la Divinidad* fue escrito por la comunidad de monjas de Helfta, transcribiendo y dando forma a las visiones dadas por Matilde. Tras recibir estas visiones, también comenzaron a escribir las suyas propias.

Este acto de escritura colaborativa caracterizó la literatura de la comunidad de Helfta. Matilde de Hackeborn, hermana menor de la abadesa de la comunidad, era una brillante música y directora del coro del convento. Inspirada por Matilde de Magdeburgo, Matilde de Hackeborn comenzó a componer, con la ayuda de sus compañeras religiosas, sus visiones de la unión con Dios. *El*

Libro de las gracias especiales, compuesto en latín pero traducido a la lengua vernácula en los siglos siguientes, presenta al lector las visiones de Cristo que Matilde de Hackeborn experimentó tanto durante la liturgia como fuera de ella.

Gertrudis la Grande de Helfta compuso dos obras que poseemos, incluyendo cinco libros titulados colectivamente *El Heraldo del Amor Divino,* de los cuales sólo el segundo libro fue escrito por la propia Gertrudis. Sus *Ejercicios Espirituales* fueron escritos para religiosos y religiosas. Al igual que Matilde de Hackeborn, los escritos de Gertrudis describen a menudo encuentros con Cristo experimentados durante la celebración de la Sagrada Liturgia. Las diversas visiones, tanto de Matilde de Hackeborn como de Gertrudis la Grande, no se presentaron como revelaciones privadas exclusivamente para estas mujeres, sino en beneficio de todas las religiosas de la comunidad, que aprendieron a saborear la dulzura de Dios, primero escribiendo y luego meditando estos textos.[1]

Ahora bien, el término *visión* puede llevar al lector a pensar en apariciones físicas. Y, sin embargo, al componer literatura visionaria, las tres mujeres de Helfta, y sus colegas escritores de la comunidad, no describen normalmente tales apariciones físicas. El prólogo de *El heraldo del amor divino,* de Gertrudis de Helfta, habla de estos encuentros como visiones imaginativas concedidas a Gertrudis como una gracia especial tanto para ella como, más tarde, para sus lectores. El prólogo afirma:

> Y aunque el amoroso Señor seguía inundando su alma
> con su gracia todos los días, festivos y laborables por
> igual, unas veces por medio de sensibles semejanzas
> corporales, otras por visiones intelectuales más puras,
> quiso que en este librito se describieran imágenes de

> semejanzas corporales, atrayentes al entendimiento
> humano. Y para que esté al alcance de todos los lectores,
> está dividido en cinco.[2]

En el prólogo se explica cómo leer los libros. Puesto que estas visiones fueron dadas a la imaginación de Gertrudis (incluso cuando implicaban semejanzas corporales), eso significa que tales visiones están también disponibles para el lector. Se puede aprender a "ver" como veía Gertrudis, incorporando sus visiones a la memoria y la imaginación.

En cada una de las tres videntes de Helfta, la Eucaristía ocupa un lugar destacado. Inusualmente para la época, las dos monjas de Helfta fueron animadas a participar frecuentemente en la comunión eucarística. Una de las principales preocupaciones de todas las mujeres era la preparación adecuada para recibir el Cuerpo de Cristo. En sus visiones eucarísticas, las mujeres de Helfta forman los sentidos del lector para preparar un encuentro personal con Cristo en el Santísimo Sacramento, encuentro que facilita una comunión más profunda con la Iglesia.

Matilde de Magdeburgo presenta una imagen de Jesucristo como el único gran amor que puede colmar el deseo del alma. Dios habla a menudo a Matilde en sus visiones como el amante que viene a cortejar el alma. Y el alma responde a Dios con una efusión de amor. Estos intercambios encienden el deseo de Matilde de una unión total con Dios. Y, sin embargo, esta unión no se experimenta al margen del cuerpo que sufre con Cristo. En el libro 1, escuchamos al Esposo: "Mírame, esposa mía. Mira qué hermosos son mis ojos, qué hermosa mi boca, qué ardiente mi corazón, qué ágiles mis manos y qué veloces mis pies. Entonces, ¡sígueme! Serás martirizada conmigo, traicionada por los celos, cazada en la emboscada, hecha prisionera por el odio, atada por la obediencia".[3] Se ve que el alma encendida en el amor a Cristo le sigue por la imitación de la Pasión.

La extrema abnegación practicada por Matilde le permitió participar en la Pasión de Cristo a través de un deseo insaciable de unión con Dios. Como beguina, aún no afiliada a la comunidad religiosa de Helfta, Matilde habría tenido un acceso irregular a la comunión eucarística. Anhelando recibir el Cuerpo de Cristo, a menudo no podía debido a la enfermedad y a la expectativa de que ella, como mujer laica, no debía recibir el Cuerpo de Cristo con frecuencia. En uno de estos momentos de enfermedad, Matilde recibe de Dios la visión de una hermosa iglesia, que ella subraya está fuera de toda sensación corporal. Ante sus ojos, un altar dedicado a la Virgen María está decorado con flores. El rito de entrada continúa, pero en lugar de un sacerdote normal, Juan el Bautista entra en la Iglesia y coloca un Cordero sobre el altar.

Matilde se une entonces a la asamblea reunida para esta Misa. Al principio ve a los que, sin cabello, murieron sin seguir la ley de Cristo. Al morir, se arrepintieron, y por eso ahora llevan coronas de gloria en esta liturgia celestial. Vestimentas y joyas, como estas coronas, aparecen a lo largo de las visiones de las tres mujeres. Matilde se da cuenta ahora de que, en presencia de Santa María, Madre de Dios, "lleva un manto rojo intenso tejido por amor en proporción al ardor de sus facultades por Dios y por todas las cosas buenas".[4] La ropa es representativa de la identidad. Aunque Matilde se ve a sí misma como pobre, no digna de la atención de Dios, se adorna con un lujoso vestido antes de la Eucaristía.

Comienza la Misa. Matilde pasa rápidamente al momento de la consagración en el que "el cordero, que estaba sobre el altar, se levantó y, al oír las palabras bajo los signos de su mano [de Juan el Bautista], se unió a la hostia y la hostia al cordero de tal manera que ya no vi la hostia sino sólo un cordero sangrante colgado de una cruz roja".[5] Recuerda que esta visión no es material ni física. Matilde no puede asistir a Misa. Está presentando al lector lo que se pone a su disposición en la Eucaristía, viendo más allá de lo material hacia lo inmaterial. Pero lo inmaterial se presenta de la forma más material. Se enseña al lector a mirar de nuevo la hostia, a verla ahora como el Cordero herido y sangrante. Cuando Matilde pide a la Santísima Virgen María recibir la Eucaristía, se acerca al altar con el alma abierta y san Juan Evangelista le entrega el Cordero. En lugar de que ella consumiera el Cordero, "el cordero puro se recostó sobre su propia imagen en su establo y comenzó a mamar de su corazón con su dulce boca. Cuanto más mamaba, más le daba ella".[6] El alma creada a imagen y semejanza de Dios recibe en su cuerpo al Cordero una vez inmolado. Y, sin embargo, es el Cordero una vez inmolado quien se alimenta de su deseo. Cuanto más consume el Cordero su deseo, tanto más crece su deseo.

Matilde enseña al lector a "ver" la presencia de Cristo a través de un deseo abrumador de unión con Dios. Y sin embargo, una buena parte de *La Luz Fluyente de la Divinidad* describe lo difícil que es mantener este deseo de Dios a través del cuerpo. El cuerpo se acomoda. Incluso los religiosos profesos no viven de acuerdo con este deseo, persiguiendo el poder y el dinero en lugar del amor vaciado de sí mismo del esposo. En el libro 7 (escrito por la comunidad de Helfta), Matilde ofrece al lector una manera de encender este deseo cuando uno se acerca a la mesa eucarística. Primero, uno debe examinarse honestamente como pecador ante Dios, arrojándose ante el Dios misericordioso. Después de este examen de indignidad, uno se acerca a la Eucaristía con alegría. Se recibe el sacrificio de Cristo en este acto de comunión, y ahora se puede hablar directamente con Cristo mientras se come su Cuerpo. En esta oración a Cristo, Matilde no pide una gracia personal, un aumento de su propio deseo. Su deseo es un don para todos, una ofrenda vicaria, un ejercicio de su propio sacerdocio de bautizada:

> Ahora si, Señor, deseas calmarme,
> Entonces haz mi voluntad
> Y dame esos pecadores
> Que están en estado de pecado mortal.[7]

Recordad antes que el alma como esposa está destinada a compartir el sufrimiento del Esposo. Al acoger a los pecadores en este momento de comunión, participa de la Pasión del Esposo. Su propio sufrimiento, su propio deseo, está destinado a convertirse en un don que ella ofrece para la conversión de los pecadores. El deseo eucarístico es una obra de misericordia: cuanto más anhela Matilde recibir la plenitud de la gracia en la presencia de Cristo, más puede ofrecer esta gracia a la familia humana.

Matilde de Hackeborn, aunque comparte nombre con su hermana beguina, no comparte el mismo anhelo doloroso por Cristo. Matilde, que recibe regularmente la Eucaristía en el convento, describe a menudo la comunión eucarística como la participación en un banquete celestial. En la fiesta de la Anunciación, Matilde de Hackeborn contempla su propia pecaminosidad. En ese momento, ve la imagen de Jesús en el trono. Ese momento transforma su visión de sí misma: "Sus cenizas se redujeron a nada y se puso en pie en su presencia, reluciente como el oro".[8] Reconoce que todo su pecado ha sido redimido por el don de Cristo en la Cruz y, entonces, inclinada sobre su pecho, entabla una tierna conversación con Cristo. Presenta al lector una imagen de sí misma como Juan Evangelista en la Última Cena, invitándonos a adoptar esa misma postura ante la Eucaristía.

En ese momento resuena en el cielo la antífona de la fiesta de Todos los Santos, cantada por Cristo mismo. Matilde ve a toda la comunión de los santos reunida a la vez. Cada santo toca un instrumento para alabar a Dios. La alabanza producida por cada santo son todos los méritos o virtudes que el santo ha recibido como don de Cristo en su vida mortal. Matilde recibe entonces de Cristo en sus mismos sentidos una abundancia del poder o virtud del Salvador. El texto dice:

> El Señor llamó al Alma y puso sus propias manos en las de ella, dándole todo el trabajo y ejercicio de las obras que había realizado en su santa humanidad. Luego puso sus ojos graciosos junto a los ojos del alma, dándole el ejercicio de sus propios ojos santos y un abundante flujo de lágrimas. A continuación, colocando sus orejas junto a las del alma, le dio todo el ejercicio de sus propios oídos. Después de esto, presionando su boca sonrosada junto a la boca del alma, le concedió su ejercicio de alabanza, acción de gracias, oración y predicación como compensación por su negligencia. Finalmente, unió su corazón dulce como la miel al corazón del alma, concediéndole todo su ejercicio de meditación, devoción y amor. . . Así, toda su alma se incorporó a Cristo.[9]

La absorción que experimenta Matilde tiene lugar a través de los sentidos. Cada acto que realiza en la liturgia, desde derramar lágrimas santas hasta escuchar la Palabra de Dios, cantar alabanzas y contemplar en su corazón el don de Cristo en la Eucaristía, forma parte de esta unión con Cristo. Está enseñando al lector a ver cada acto de la Misa como parte de una comunión con Dios; es el Sagrado Corazón de Cristo infundiendo el corazón de su amada.

Tras la lectura del Evangelio, continúa la Eucaristía celestial. Matilde comulga del cáliz, la Sangre de Cristo. Ningún laico habría comulgado del cáliz en la Edad Media y, por eso, se trata de una visión extraordinaria. En este acto de comunión extraordinaria, Cristo le habla. No recibe un objeto, sino una persona: "A través de mi corazón divino me alabarás siempre. Ve y ofrece el cáliz vivo de mi corazón a todos los santos, para que se embriaguen felizmente con él".[10] Ella se convierte en ministro eucarístico celestial, ofreciendo el corazón de Cristo a todos. En la comunidad Helfta, el Sagrado Corazón de Jesús ocupa un lugar destacado en estas visiones. El corazón es una imagen de todo el tierno amor de Cristo por la persona humana. Matilde ofrece a cada santo la presencia del amado y al mismo tiempo pide que el santo le conceda un amor más ferviente por Cristo. Su unión con Cristo la abre a la comunión con todos los santos, a un intercambio de dones entre los que pertenecen a la Iglesia, vivos o muertos.

Vemos en Matilde el cultivo de los sentidos y de la imaginación interior a la vez. Cuando cantamos y nos postramos ante el Señor en la Misa, no se trata de un ejercicio independiente. Es ya el alma aprendiendo a deleitarse en la presencia de Dios. Cada dimensión de la Eucaristía es una gran fiesta gozosa en presencia de los santos. Procesionar hasta el altar es recibir el corazón mismo de Dios, que compartimos con la comunión de los santos.

Gertrudis la Grande de Helfta tiene mucho en común con su correligionaria Matilde de Hackeborn. En el capítulo 18 del tercer libro del *Heraldo de la bondad de Dios*, Gertrudis describe, a través de los lápices de sus compañeras religiosas, el modo correcto de prepararse para recibir el Cuerpo y la Sangre de Cristo. En este extenso capítulo, habla continuamente del Señor como el amado esposo hecho presente en el Santísimo Sacramento. Al cantar el "Santo, Santo, Santo" (conocido como el *Sanctus*), "se postra con sentida humildad y ruega al Señor que se digne prepararla para que pueda participar dignamente en su banquete celestial, para su gloria y para el bien de todo".[11] Mientras se canta el segundo "Santo", Cristo viene a besarla. Ella recibe el don de su humanidad y divinidad unidas para que pueda recibir dignamente la Eucaristía, saboreando la dulzura de Dios.

Cada párrafo de este capítulo forma al lector para que se acerque a la Eucaristía como un encuentro con el amado, que viene a conceder un beso de amor a quienes la reciben con corazón recto. En la Eucaristía hay una unión entre Dios y la humanidad, que transforma el cuerpo del que la recibe en un espacio donde el sacrificio de Cristo puede hacerse vivo y eficaz en este mismo día. En sus *Ejercicios Espirituales*, Gertrudis prepara al comulgante para este momento de unión total. Escribe:

> Oh dulcísimo huésped de mi alma, mi Jesús muy cerca
> 　　de mi corazón,
> que tu agradable encarnación sea hoy para mí
> la remisión de todos mis pecados,
> y enmendar toda mi desconsideración,
> y también la recuperación de toda mi vida malgastada.[12]

Es la dulce presencia de Cristo en la Eucaristía, el cuerpo mismo de Dios, lo que permite a Gertrudis acercarse al Santísimo Sacramento con tanta confianza. Y si se acerca al Santísimo Sacramento como comunión con la pasión de Cristo, ahora Dios Padre la mira con la misma satisfacción con que mira la hostia.[13] Ella es el sacrificio perfecto por el beso del Esposo: ella misma se ha hecho dulce.[14] Dios la desea. Esta dulzura exige una conversión de vida cada vez que recibe. Gertrudis se vuelve más atenta a las palabras que brotan de sus propios labios, ya que ahora este habla debe volverse tan dulce como la de Dios.

Esta unión con el cuerpo de Cristo permite al comulgante interceder por sus compañeros de este cuerpo de Cristo. Al recibir el Santísimo Sacramento con dulce devoción, Gertrudis suple la falta de devoción de sus compañeras. Intercede por ellas inmediatamente después de la Eucaristía, nota que las hermanas no la reciben por miedo al pecado, y reza por ellas ante Dios. El don de la presencia de Cristo se da ya no para su disfrute personal, sino como ofrenda de amor al prójimo.

Toda la vida de Gertrudis se convierte en una meditación sobre las imágenes que ha recibido de Dios en la misma comunión. Para Gertrudis no hay distancia entre la vida devocional y la vida eucarística. La unión con Cristo transforma su manera de ver todas las cosas. En el libro 2 de *El Heraldo del Amor Divino*, Gertrudis recibe una visión después de la comunión:

> Después de haber recibido el sacramento vivificante, al volver a mi sitio, me pareció como si, en el lado derecho del Crucificado pintado en el libro, es decir, en la herida del costado, saliera un rayo de sol con una punta aguda como una flecha, que se extendió un momento y luego retrocedió. Luego volvió a extenderse. Continuó así durante todo un tiempo y me afectó suave pero profundamente. Pero aun así mi deseo no quedó plenamente satisfecho hasta el miércoles, cuando, después de la Misa, los fieles veneran el misterio de tu adorable Encarnación y Anunciación. Yo también intenté aplicarme a esta devoción, pero menos dignamente. De repente apareciste, infligiendo una herida en mi corazón, y diciendo: "Que todos los afectos de tu corazón se concentren aquí: todos los placeres, esperanzas, alegrías, penas, temores y demás; que todos se fijen en mi amor".[15]

Estas palabras, escritas por la propia Gertrudis, enseñan al lector a aplicar todos los sentidos a la presencia eucarística de Cristo. Los ojos se transforman al haber recibido al Señor, viendo ahora este sacrificio presente en su imagen dentro de un libro. El libro, ricamente decorado con la imagen de Cristo, se convierte en su presencia gloriosa. Los sentidos materiales y espirituales se unen plenamente. Y, sin embargo, este deseo no puede mantenerse. Debido a la unión con Dios, Gertrudis puede volver sobre este deseo, sobre todos sus afectos, y ver cómo han sido llevados al corazón de Dios.

Las tres místicas eucarísticas de Helfta forman los sentidos del lector cultivando una disposición de deseo devocional. Presentan imágenes en torno a la Eucaristía, un cordero que consume nuestro propio deseo como si fuera la leche más dulce, un banquete celestial de la comunión de los santos donde Dios llena todos los sentidos y un beso del Amado que hace del cuerpo un lugar de amor sacrificial. Las visiones están destinadas a ser contempladas continuamente, apropiadas por el lector para que se acerque al Santísimo Sacramento y vea el don que se hace presente en el altar. Esta presencia nunca se imagina al margen del amor al prójimo. Al fin y al cabo, el cuerpo del comulgante se transforma por la unión con Dios. El comulgante, mediante la santa devoción, la oración frecuente y la meditación de la gracia recibida en la Eucaristía, debe convertirse en un sacrificio de amor por todos los hombres.

Como lectores modernos, podemos encontrar extraño el mundo de estas tres religiosas de Helfta. Pero cada una de ellas nos enseña la doctrina eucarística a través de la imaginación. La Misa es un encuentro con el Esposo, Jesucristo. No hay nada inmediato que ver en ese encuentro, la hostia es blanca.[16] Y, sin embargo, para el que se presenta ante la Eucaristía con devoción, con una memoria, un entendimiento y una voluntad transformados a través del encuentro eucarístico, uno aprende tanto a dirigirse como a percibir la presencia del Amado. Este ver no es privado. Más bien, toda la vida eucarística se vive siempre en relación con el prójimo. Cuanto más rica es la experiencia de la presencia de Cristo en el encuentro, más se ofrece la propia vida por el prójimo, tanto si éste experimenta la purificación del purgatorio, como si es miembro de la comunión de los santos o compañero de religión que canta los salmos en el coro. Este amor al prójimo se fundamenta siempre en el encuentro eucarístico con Cristo amado, la persona que anhela unirse al corazón humano en comunión.

LA VISIÓN EUCARÍSTICA EN EL SIGLO XX

Esta visión eucarística no se encuentra exclusivamente en las comunidades religiosas bajomedievales. En el siglo XX se sigue escribiendo literatura para comunicar un modo de percibir la presencia de Cristo en el misterio eucarístico. Los autores contemporáneos no componen visiones de un encuentro con Dios como medio de comunicar una manera eucarística de percibir. Los géneros cambian. Y, sin embargo, la imaginación se sigue cultivando a través de una gran variedad de literatura, incluidos los cuentos de Flannery O'Connor, la reflexión filosófica de Simone Weil y las memorias teológicas de Dorothy Day.

Cada autor eucarístico, examinado en la época moderna en este libro, se ocupa del tema de la violencia. Esto no debería sorprendernos. El siglo XX es una época de extraordinaria violencia, incluidas las guerras mundiales, los levantamientos nacionales, la propaganda producida por el Estado y por los publicistas, el racismo y la violencia infligida a los pobres en las zonas urbanas. En cierto modo, el siglo XX es la era de la antieucaristía, la anticomunión en la que el ser humano experimenta la división en lugar de la unidad. Y, sin embargo, la presencia eucarística de Cristo tiene algo que enseñarnos sobre Dios, sobre nosotros mismos y sobre nuestro prójimo en medio de esta violencia.

Flannery O'Connor (1925–1964) es una escritora católica estadounidense de cuentos. Sus relatos son en sí mismos violentos y describen el movimiento de la gracia de un modo que sacude al lector moderno de una visión demasiado cómoda de Dios. Uno de estos cuentos, "Un templo del Espíritu Santo", es una reflexión literaria sobre la presencia de Cristo en la Eucaristía. El cuento está narrado desde la perspectiva de una niña pequeña. La niña se ve obligada a pasar un fin de semana con sus primas mayores, dos jóvenes de catorce años, interesadas en ropa, labiales y muchachos. La niña, sin nombre, se queda fuera de la comunión que comparten las dos primas, sola con sus pensamientos, a menudo ásperos.

El título de la historia está relacionado con el consejo que da la hermana Perpetua, una profesora de la escuela de niñas, sobre pasar tiempo con hombres jóvenes en la parte de atrás de los automóviles. Si un joven intenta aprovecharse de ti, la hermana Perpetua aconseja que las muchachas digan: "¡Deténgase, señor! Soy un templo del Espíritu Santo!".[17] A las jóvenes de catorce años este consejo les parece una broma. La madre de la narradora sirve de voz de la razón. ¿Por qué es gracioso? Al fin y al cabo, uno es un templo del Espíritu Santo. Eso es el ser humano. La hermana Perpetua está dando a las mujeres una forma de responder a la violencia sexual que se les inflige. Son templos del Espíritu Santo.

Todo ser humano es un templo del Espíritu Santo. Esta afirmación persigue a la narradora durante todo el relato. Ella se repite la frase a sí misma, sintiendo que en ese momento ha recibido un don. Sin embargo, como todos los protagonistas de las historias de Flannery O'Connor, la narradora no es perfectamente virtuosa. Le cuesta responder a sus primas de catorce años con algo que no sea desdén. Dos hombres jóvenes vienen a entretener a las primas de catorce años. Ellos se nos describen a través de los ojos de la narradora. Son cómicos, tanto sus brazos como sus piernas son desgarbados. La niña, las primas y los chicos están fuera. Tocan la armónica y cantan. Es el atardecer y "el cielo se estaba volviendo de un color violento y magullado que parecía estar conectado con el dulce y triste sonido de la música".[18] Fíjate en cómo O'Connor llama tu atención sobre la dulzura de la música y la violencia del cielo. Esta unión entre música y color, entre oír y ver, reaparecerá al final de la historia. Los chicos empiezan a cantar un himno a Jesús, practicando su vocación de futuros ministros de la Iglesia de Dios. Las primas de catorce años empiezan a reír, antes de pedir cantar un himno propio. Como chicas católicas, entonan con sus voces entrenadas en el convento el himno eucarístico de santo Tomás de Aquino que se canta en la bendición del Santísimo Sacramento, el *Tantum ergo*. Los chicos no entienden el himno, y la joven narradora se ríe.

El disgusto interior de la niña con tanta gente, incluidos sus primas y los chicos, transporta al lector al corazón de la historia. La niña anhela ser santa, pero juzga duramente a casi todo el mundo. En un momento dado, se anima a pensar en la posibilidad del martirio, ya que entonces al menos podría ser santa. Moriría de inmediato sin tener un solo pensamiento áspero. Pero en la vida normal, la santidad le parece imposible. Se esfuerza por rezar sus oraciones, hablar bien de los demás y evitar los rumores.

Las primas van a la feria de la ciudad con los chicos. Más tarde, esa misma noche, las jóvenes de catorce años le cuentan a la niña narradora, después de indagar un poco, uno de los espectáculos contemplados en la feria. Este espectáculo es una persona, llamada "el monstruo". El monstruo es un hermafrodita, tanto hombre como mujer. En la feria, el monstruo se expone al público. Una vez más, nos encontramos con un acto de violencia, el cuerpo humano reducido a un objeto para la mirada, en este caso, la mirada de los espectadores que pagan.

A la niña no le atormenta la extrañeza del hermafrodita, sino la violencia ejercida sobre su cuerpo. Experimenta una visión. Al principio, observa los rostros de la "gente del campo" que miran al monstruo. Contemplan este cuerpo extraño casi como si estuvieran en una Misa. El monstruo se convierte en predicador, afirmando que ha sido creado por Dios. Esta persona, este cuerpo, ¡es también un templo del Espíritu Santo! La profanación de este templo, a través de cualquier acto de violencia, puede promulgar el juicio divino sobre aquellos que contemplan al monstruo.

La visión termina. A la mañana siguiente, la niña, su madre y las primas regresan al colegio del convento. Las lleva Alonzo, descrito antes como un chico de dieciocho años, de unas doscientas cincuenta libras, que suda a través de las camisas y conduce con las ventanillas abiertas mientras masca un cigarro. La niña se había burlado antes de todas las personas que iban en el coche, y ahora van juntos en el mismo vehículo. Alonzo huele, y la niña saca la cabeza por la ventanilla, sin dejar de mirar al sol.

Llegan al convento a tiempo para la bendición del Santísimo Sacramento. La narradora prosigue sus horribles pensamientos en una capilla verde y dorada, donde flota el incienso. Está distraída. Pero ahora, en el *Tantum ergo*, cesa su monólogo interior. Se da cuenta de que está en presencia de Dios y comienza a dirigirse directamente a Jesús. El canto termina y la custodia se eleva para bendecir a los asistentes a la Bendición. La joven piensa enseguida en la carpa de feria que albergaba al monstruo. El monstruo está hecho así. En presencia de Cristo, en una imagen del monstruo en una carpa, ve la consecuencia de ser el templo del Espíritu Santo.

El monstruo está hecho así, sus primas están hechas así, Alonzo está hecho así y ella está hecha así. Tras haber sido envuelta en el hábito de las monjas a la salida, la joven se sienta ahora en la parte trasera del coche contemplando los pliegues de grasa del cuello de Alonzo. Aquí no hay juicio; ella ve su carne tal como es. La violencia ha cesado por un momento. La niña se pierde ahora en sus pensamientos, y al final recibe una última visión:

> El rostro redondo de la niña estaba sumido en sus pensamientos. Bajó la ventanilla y miró hacia una extensión de pastura que se elevaba y descendía con un verdor creciente hasta tocar el oscuro bosque. El sol era una enorme bola roja como una elevada hostia empapada en sangre y, cuando se perdía de vista, dejaba una línea en el cielo como un camino de arcilla roja colgando sobre los árboles.[19]

La niña experimenta una visión eucarística en la que la propia creación ha sido transfigurada por la presencia de Dios. Los colores violentos de la creación, el sol rojo de sangre, no desaparecen. El rojo coexiste con el frescor del verde e incluso con la oscuridad del bosque: la unión de los colores recuerda la capilla y el inquietante canto del *Tantum ergo*. La presencia eucarística de Cristo en la hostia ilumina toda la violencia que el corazón humano puede infligir a la creación. Todo se comprende ahora a través de la presencia del sacrificio de Cristo en la cruz, incluida la presunta fealdad del prójimo. La bendición, para la niña, la ha arrastrado a una nueva forma de ver. Y tú, lector, estás invitado a acompañarla.

Simone Weil (1909–1943), filósofa y activista social francesa, también se ocupa de la relación entre la Eucaristía y la violencia o la fuerza. La biografía de Weil es extraña para un libro sobre la doctrina eucarística. Formada en filosofía, sentía el deseo de estar en comunión con el obrero. A pesar de su precaria salud, trabajó en las fábricas como acto de solidaridad. Criada como judía agnóstica, vivió una experiencia mística rezando en una iglesia de Asís y en el monasterio francés de Solesmes. Conoció la poesía eucarística de George Herbert, incluido su poema "Amor(3)", un diálogo entre Dios y el poeta antes de la recepción de la Eucaristía. Weil se vio obligada a abandonar Francia con su familia judía, viajando a Estados Unidos para escapar de la ocupación nazi durante la Segunda Guerra Mundial. Murió a los treinta y cuatro años, sin ingresar formalmente en la Iglesia. Su decisión de no ingresar en la Iglesia estaba ligada a su autocomprensión como alguien que estaba "fuera" y era capaz de dialogar con todos los miembros de la familia humana. Su compromiso con los vínculos naturales de la comunión humana y su muerte prematura hicieron que nunca recibiera el Cuerpo de Cristo en la Eucaristía. En lugar de consumir la hostia eucarística, experimentó la comunión a través de la mirada.

La mirada eucarística de Simone Weil está vinculada a su discurso sobre la violencia o la fuerza. Para Weil, el mundo ha sido creado para obedecer a Dios. A menudo utiliza la imagen del mar para describir esta ley de obediencia. Las olas del mar son totalmente pasivas, "perfectamente obedientes a toda presión externa".[20] Ellas no luchan contra la gravedad, pero nosotros sí. Como toda la creación, estamos sujetos a la necesidad. Nacemos, vivimos y morimos. Luchamos contra esta necesidad, optando por emplear la oscuridad de la fuerza en lugar de la luz de la obediencia.

Para Weil, este amor de obediencia, el rechazo a entrar en la lógica de la fuerza violenta, es lo que ella llama un amor implícito a Dios. Y esto se manifiesta de tres maneras: a través del prójimo, de la belleza y de la práctica religiosa. El amor al prójimo no está exento de fuerza. Pensemos en el funcionamiento de los actos de caridad. El que da de comer al hambriento está ejerciendo una especie de poder sobre el que carece de alimentos. El que carece de alimentos puede albergar odio en su corazón hacia el que realiza esta caridad. En este mundo, la igualdad perfecta es rara. Por eso, el amor al prójimo debe reformarse por medio de Cristo. Al comentar la parábola de las ovejas y las cabras en Mateo 25, Weil escribe:

> El texto del Evangelio sólo se refiere a la presencia de Cristo en el que sufre. Sin embargo, parece como si la valía espiritual de quien recibe no tuviera nada que ver con el asunto. Hay que admitir, pues, que es el propio bienhechor, como portador de Cristo, quien hace que Cristo entre en el hambriento con el pan que le da. El otro puede consentir en recibir o no esta presencia, exactamente igual que el que comulga. Si el don está bien dado y bien recibido, el paso de un bocado de pan de un hombre a otro es algo así como una verdadera comunión.[21]

La imaginería eucarística es aquí patente. Hay un intercambio que se desarrolla en este acto de comunión en el que Cristo se hace presente a través del intercambio. El que da, aunque posee el poder, renuncia a él. Ofrece compasión, dejando que su propia vida sea asumida en la aflicción de su prójimo. El receptor, aunque desposeído de todo poder, rechaza la tentación de objetivarse en el don adoptando una postura de gratitud. El amor al prójimo se convierte en amistad, en participación en la misma vida. Por eso, el amor al prójimo nunca puede ser genérico. No es un afecto por la humanidad en general. Es siempre el amor a la persona concreta del prójimo aquí y ahora, éste que sufre *esta* aflicción, es mi prójimo. Y *yo* soy *el suyo*. Casi se puede oír el lenguaje de la Eucaristía: "Este es mi Cuerpo, esta es mi Sangre". La tarea tanto del que da como del que recibe es permitir que el encuentro se convierta en algo personal y no en un intercambio impersonal que a menudo practican los organismos gubernamentales.

El amor al mundo, como belleza, es también eucarístico para Weil. Cuando nos encontramos con algo bello, dejamos de funcionar como el centro de nuestro mundo. Hay algo fuera de nosotros que nos llama la atención. Por belleza, Weil no entiende lo que es bonito o atractivo a la vista. Se refiere más bien a atender al mundo tal y como se nos ofrece de forma ordenada. El ser humano está hecho para encontrar la belleza en todas las dimensiones de la vida. Ella describe el proceso de búsqueda de esta belleza como un viaje en el que el peregrino hambriento avanza hacia el centro del mundo de un laberinto. Weil escribe: "Porque si no pierde el valor, si sigue caminando, es absolutamente seguro que finalmente llegará al centro del laberinto. Y allí le espera Dios para comérselo. Más tarde volverá a salir, pero habrá cambiado, se habrá vuelto diferente, después de haber sido comido y digerido por Dios".[22] La imaginería eucarística es aquí de nuevo evidente. El que contempla la belleza del mundo como un don, aunque sufra aflicción, no consume el mundo, sino que es consumido por Dios. Vemos la belleza y deseamos comerla para que forme parte de nosotros. Pero en la medida en que peregrinamos, "mirar y comer son dos operaciones distintas".[23] Si Eva pecó comiendo, nosotros somos restituidos a Dios sólo mirando. No consumimos lo que contemplamos, sino que lo recibimos como un don. El amor implícito de Dios que se encuentra en la belleza del mundo es un vaciarse de sí mismo, un permitir la distancia cuando lo que realmente deseamos es la unión total.

En el Santísimo Sacramento, la práctica religiosa por excelencia, confluyen para Weil estos dos amores implícitos. Al tiempo que elogia la arquitectura románica y el canto gregoriano,

Weil señala que el dogma de la presencia real es diferente. Es un dogma que viene a salvar a los seres humanos de un enfoque de la práctica religiosa que intenta controlar a Dios y al prójimo por igual. Escribe: "La virtud del dogma de la presencia real reside en su mismo absurdo. Excepto por el infinitamente conmovedor simbolismo de la comida, no hay nada en un bocado de pan que pueda asociarse con nuestro pensamiento de Dios".[24] Ella se refiere a esta presencia eucarística como una convención. Pero no es una convención como otras prácticas religiosas en la medida en que la presencia real presenta el don puro de Dios, una ofrenda de presencia mediada a través de la blancura de la hostia. No hay nada que ver, ningún color destacable, y sin embargo el católico contempla esta presencia en el amor. Al contemplar la presencia del amor total, el católico es invitado a reflexionar sobre su propia impureza por medio del deseo puro del don invisible ofrecido por Dios.

Hay todo tipo de razones por las que la práctica religiosa puede ser formativa. Pero la Eucaristía, al velar la presencia de Dios, sana al ser humano mediante la exigencia de atención. Como escribe Weil:

> La atención animada por el deseo es todo el fundamento de las prácticas religiosas. Por eso ningún sistema de moral puede ocupar su lugar. La parte mediocre del alma tiene en su arsenal un gran número de mentiras capaces de protegerla, incluso durante la oración o la participación en los sacramentos. Pone velos entre nuestros ojos y la presencia de la pureza perfecta, y es lo bastante astuta como para llamarlos Dios; velos como, por ejemplo, estados del alma, fuentes de alegría sensible, de esperanza, de consuelo, de consolación

tranquilizadora, o bien una combinación de hábitos, o uno o varios seres humanos, o tal vez un círculo social.[25]

La pureza de la hostia blanca en la Eucaristía es un compromiso impersonal con una presencia invisible. No hay mirada directa a Dios. Todo se mediatiza a través de lo que parece pan. Como en Tomás de Aquino, no se puede prescindir de los accidentes. En presencia de este don puro mediado por lo que parece pan, debemos renunciar a todos nuestros apegos, a todo lo que nos impide la comunión con Dios y con los demás. La Eucaristía es lo que nos otorga un deseo perfecto de obediencia en lugar del ejercicio de la fuerza. Y no recibirla, como hizo Weil, forma parte de su medicina curativa. Porque no recibir, no comer, significa dejarse consumir por Cristo. Es a través de esta distancia, de este amor vaciado de sí mismo que reconoce la naturaleza peregrina de la condición humana, como experimentamos la unión con Cristo.

Weil nos ofrece, como católicos, una nueva forma de contemplar la presencia eucarística de Cristo. A menudo pensamos en la presencia de Cristo en la Eucaristía sin recordar al mismo tiempo su ausencia. Lo que se busca en la Eucaristía no es sólo este encuentro con el Santísimo Sacramento, sino una unión completa. La distancia entre lo que se ve y lo que hay en la Eucaristía forma parte de la pedagogía del Santísimo Sacramento. No estamos hechos para poseer a Dios; Dios debe poseernos a nosotros. Y esta posesión requiere una conversión total: debemos dejar de funcionar como criaturas adictas a la fuerza.

Por último, Dorothy Day (1897–1980), una de las fundadoras del movimiento del Trabajador Católico, aborda en sus memorias *Panes y peces* el poder de la Eucaristía para sanar la violencia del mundo. Day no nació católica, sino que creció como episcopal no practicante. Trabajó como periodista, comprometida con la causa de los trabajadores. Sin embargo, se sentía continuamente atraída por la Iglesia católica, y a veces se detenía a oír Misa en iglesias de Nueva York. Por aquel entonces, desconocía la doctrina social de la Iglesia, pero anhelaba la comunión posible en los sacramentos y en la oración. Vivía en una unión de hecho cuando se quedó embarazada y dio a luz a un niño. Comenzó a rezar, a asistir a Misa y finalmente entró en la Iglesia. Su primera recepción del Santísimo Sacramento se describe en su autobiografía *La larga soledad*:

> En mi primera comunión me acerqué al comulgatorio al toque del *Sanctus* en vez de al *Domine, non sum dignus*, y tuve que arrodillarme allí solo durante la consagración, durante el *Pater Noster*, durante el *Agnus Dei*— ¡y yo que creía conocer tan bien la Misa! Pero me pareció adecuado que me humillaran por esta ignorancia, por esta precipitación.[26]

Así comenzó Day su educación eucarística. Ella vio un escándalo en la Iglesia, sacerdotes y religiosos que poseían tanto en comparación con los pobres. Amar a Cristo crucificado y mediado a través de la Iglesia le costaría mucho a Day, incluido su marido de hecho. Pero fue a través de la participación regular en el sacrificio de la Misa que Day llegó a ver la presencia del Amado no sólo en la Iglesia sino en cada persona a la que se le ofrecía hospitalidad a través del Trabajador Católico.

Panes y peces de Dorothy Day cuenta la historia de su formación en la doctrina eucarística. Peter Maurin, un intelectual católico, agricultor y cofundador del Trabajador Católico, llamó a su puerta poco después de su conversión. Por aquel entonces, Day había pedido a Dios una forma de ponerse del lado de los pobres frente a los cómodos feligreses que parecían ignorar la presencia de hambrientos y sedientos en el mundo. Tras leer un reportaje sobre su trabajo en la revista católica *Commonweal*, Maurin se detuvo en su casa y empezó a enseñar los rudimentos de la doctrina social católica a Day y a cualquiera que quisiera escuchar.

Maurin quería comunicar a Day que el núcleo de la doctrina social católica no era la lucha de clases, sino la hospitalidad, el reconocimiento de la humanidad del prójimo. Para Maurin, esta enseñanza no era abstracta, sino que se aprendía a través de la presencia eucarística de Cristo. Day escribe sobre Maurin: "Un día me encontré por casualidad con Peter en la iglesia de un amigo en la parte alta de la ciudad. Había entrado para rezar unas oraciones. Al cabo de unos minutos levanté la vista. Allí estaba Peter, sentado ante el Santísimo Sacramento, evidentemente meditando. Parecía totalmente inconsciente de la presencia de cualquier otra persona en la iglesia".[27] El amor de Maurin por el prójimo, como Day explica más tarde, no surgió de un espíritu de lucha de clases. Más bien, era la presencia del Amado, de Cristo mismo, lo que infundía la hospitalidad que el Trabajador Católico ofrecería.

La presencia eucarística de Cristo impregna cada momento relatado en *Panes y peces*. Las memorias no idealizan lo que significa vivir con los pobres de carne y hueso. Day cuenta la historia de Felicia, una puertorriqueña que sufre, junto con sus compañeros inmigrantes, el borrado de su humanidad por parte de la industria. Su pobreza es evidente en su apartamento y en las facturas que se acumulan. No parece haber más que oscuridad y desdicha. Y, sin embargo, está la portera que hace sitio para que Felicia y sus hijos se calienten en la estufa, que proporciona electricidad para una radio para Felicia y sus hijos. En las memorias, Day se dirige a Felicia: "El campo ahora es oh, alegría, y la ciudad donde vive Felicia es desdicha, desdicha y necesidad. No importa, Felicia, Dios no es burlado. Él es nuestro Padre, y todos los hombres son hermanos, así que levanta tu corazón. Esto no será siempre así".[28] Day hace referencia a la Eucaristía, esa presencia sacramental que nos permite ver en esa miseria la posibilidad de la esperanza, de un amor que puede transformar el propio orden creado.

Para entonces, Day ya comulgaba diariamente en Misa. Un sacerdote salesiano le había aconsejado que recibiera al Señor a diario y le dijo: "Vas porque necesitas alimento para nutrirte en tu peregrinación por esta tierra, necesitas la fuerza, la gracia, que te da el pan de vida".[29] El culto estaba integrado en la vida diaria del Trabajador Católico. En una de las granjas del Trabajador Católico, cada día Day y sus compañeras celebraban Misa. El padre Roy, un sacerdote visitante, "decía la Misa lentamente, reverentemente, con una mente atenta a la grandeza, a lo terrible del Sacrificio".[30] En la Misa, lo que se recibe es el sacrificio de Cristo, el regalo de amor ofrecido en la Cruz y ahora dado a hombres y mujeres. Para Day, recibir este sacrificio es la fuente de todo amor que se ofrece. El don de amor de Dios está destinado a ser compartido con el prójimo, especialmente si ese prójimo es un borracho, un preso y el viejo cascarrabias que inflige interminables insultos a la comunidad.

Sin este don del amor, los seres humanos se infligirán violencia unos a otros. Day había recibido al escritor Maxwell Bodenheim y a su esposa, Ruth, en la granja de Peter Maurin. Eran huéspedes difíciles, se negaban a limpiar lo que ensuciaban. Ruth coqueteaba con otros hombres para poner celoso a Max. Al final, abandonaron la granja y se instalaron en casa de un joven del East Village que los asesinó a ambos. Los periódicos informaron de las muertes con la amarga salacidad que caracteriza a los rumores de famosos. Day, en lugar de añadir más violencia al sufrimiento de los Bodenheim, escribe:

> Poco habíamos podido hacer por Max o Ruth. Les dimos la mínima hospitalidad. Si les hubiéramos

querido más, si Ruth hubiera encontrado más amor en nosotros, quizá no habría vagado buscando patéticamente el único tipo de calor, luz y color que conocía en la fea vida gris que la rodeaba. Poco pudimos hacer. Dios debe escuchar nuestras plegarias por ellos.[31]

La muerte no borra la posibilidad de la hospitalidad. Day insinúa que recuerda a los Bodenheim en el sacrificio eucarístico de la Iglesia. Intercede por ellos. Y en el resto de su relato se toma el tiempo necesario para ofrecer una lectura comprensiva tanto de los Bodenheim como del joven Harold Weinberg, autor del asesinato. Day pide que nosotros, los lectores, podamos continuar una comunión eucarística que no termina con la muerte. Ahora podemos interceder, restableciendo los lazos de amor que unen a la familia humana. Podemos ofrecer hospitalidad a los Bodenheims y a los Weinberg recordándoles en Misa ante la presencia de Cristo.

Los escritos de Day son tan reales precisamente porque aprendió a adorar a Cristo en el Santísimo Sacramento, a recibir al Señor cada día, y luego a reconocer su presencia en el prójimo. La devoción eucarística es la fuente misma del amor al prójimo, un amor que no es abstracto, sino dolorosamente concreto. Es el amor capaz de criticar la violencia de un estado que utiliza la guerra y la pobreza para controlar a las masas. Pero ese amor también critica cualquier deseo de borrar la posibilidad de un acto concreto de hospitalidad, las normas de un estado que hace imposible alimentar y dar cobijo al prójimo. Para Day, las obras de misericordia corporales y espirituales deben convertirse en una sola, un único acto de amor orante ofrecido al prójimo a causa del Dios que nos amó primero en toda nuestra asombrosa particularidad. La presencia eucarística de Cristo, ofrecida cada día en el sacrificio de la Iglesia, es el ícono de este amor. El amor total no se da en abstracto, sino personalmente a cada uno de nosotros como miembros del Cuerpo de Cristo. Como escribe Day al final de su autobiografía:

> No podemos amar a Dios si no nos amamos los unos a los otros, y para amarnos debemos conocernos. Le conocemos al partir el pan, y nos conocemos al partir el pan, y ya no estamos solos. El cielo es un banquete, y la vida también es un banquete, incluso con una corteza, donde hay compañerismo. Todos hemos conocido la larga soledad y hemos aprendido que la única solución es el amor y que el amor viene con la comunidad.[32]

Day nos forma para ver a través de la Eucaristía el pan de vida que hace posible la comunión entre Dios y los mortales. Pero también es la fuente misma de la comunión entre todos los miembros de la familia humana.

CONCLUSIÓN

Este libro comenzó prometiendo llevar al lector a lo largo de un itinerario, examinando el significado de la presencia eucarística, así como atendiendo a por qué es importante dicha presencia. En este último capítulo, vemos precisamente lo que está en juego en la doctrina eucarística. Al entregarnos a la presencia del Dios vivo que se hace disponible en lo que parece pan y vino, nos formamos hacia una nueva manera de verlo todo.

La presencia sustancial de Cristo en lo que parece pan y vino es una invitación para que cada uno de nosotros asuma una postura de total gratitud. Dios nos da no sólo pan y vino, sino su propia carne y sangre. Recibimos este don, reconociendo de nuevo la dignidad que posee toda la creación. Las doctrinas eucarísticas de la presencia real y la transubstanciación exigen de cada uno de nosotros autoconocimiento, la pobreza de confesar que no somos Dios. Y, sin embargo, al adorar la presencia del Dios que es Dios, no dejamos atrás al prójimo. Se recibe amor para poder dar amor.

CONCLUSIÓN: CONSUMIDOS Y DESEADOS POR DIOS

En los cinco capítulos anteriores, este libro invita al lector a meditar sobre el don de las doctrinas de la presencia real y la transubstanciación. La Eucaristía es la presencia sustancial de Jesucristo en lo que parecen pan y vino. Y, sin embargo, a través de la transformación de estos dones por el Espíritu, mediante las palabras de Cristo pronunciadas por el sacerdote ordenado, Jesús se nos da a sí mismo para alimentarnos. La Eucaristía es el sacramento privilegiado por el que experimentamos la unión con Dios.

La tarea de apropiarse la doctrina, de hacer un asentimiento real a la presencia eucarística, lleva toda una vida. No es porque las doctrinas en sí mismas sean demasiado elevadas para que la mente humana las entienda. La adecuación o idoneidad de estas doctrinas ha quedado clara, al menos eso espero, a lo largo de este libro. Ellas se basan en las Escrituras, la Tradición de la Iglesia y la *lex orandi,* es decir, la ley de la oración de la Iglesia. Incluso el lenguaje filosófico utilizado en la doctrina de la transubstanciación no es tan complicado que supongo que incluso un niño de siete u ocho años que se prepara para su Primera Comunión podría comprenderlo fácilmente.

La vida de apropiación es necesaria, porque cuando recibimos este Cuerpo y esta Sangre, no somos nosotros quienes consumimos a Dios, sino que es Dios quien nos consume a nosotros. Al final, no somos nosotros los que damos el primer paso, los que primero anhelamos desear a Dios. Es Dios quien nos desea y nos consume en la Eucaristía. Nuestra tarea—y es la tarea de toda una vida—es cultivar el deseo de Dios que Dios tiene de nosotros. No podemos dejar que la presencia eucarística del Señor se convierta en algo tan rutinario que apague nuestro deseo de Dios.

San Agustín, a quien encontramos en el capítulo 3 de este libro, tiene algo que enseñarnos sobre el cultivo de este deseo. En sus *Confesiones*, Agustín, hablando con las palabras de Dios, escribe: "Yo soy el alimento de los maduros; crece, pues, y me comerás. No me cambiaras en ti como alimento corporal: serás cambiado en mí".[1] En la Eucaristía, no somos nosotros los que deseamos a Dios, es Dios quien nos desea a nosotros. Y, sin embargo, nuestra tarea es *aprender* a desear a Dios, a anhelar una unión íntima que sobrepasa nuestra comprensión. Así es como Dios nos desea.

Ese deseo no surge exclusivamente tras completar un curso de teología eucarística, aunque sea excelente. Viene de hacer espacio para que Dios nos sane y santifique a través de su presencia eucarística. Agustín tiene razón, debemos aprender a convertirnos en lo que recibimos en la Eucaristía. Y lo que recibimos es el amor total y oblativo del Verbo hecho carne. Nuestra educación eucarística es toda una vida cultivando el deseo de Dios. *Bienaventurados los llamados a la Cena del Cordero.*

NOTAS

1. OBSTÁCULOS A LA PRESENCIA REAL

1. Gregory A. Smith, "Just One Third of U.S. Catholics Agree with Their Church That Eucharist Is Body, Blood of Christ", Pew Research Center, 5 de agosto de 2019, https://www.pewresearch.org/fact-tank/2019/08/05/transubstantiation-eucharist-u-s-catholics.

2. Robert Barron, "Bishop Barron on Catholics Misunderstanding the Eucharist", Word on Fire, 6 de agosto de 2019, https://www.wordonfire.org/resources/video/bishop-barron-on-catholics-misunderstanding-the-eucharist/24800.

3. Thomas Reese, "The Eucharist Is about More Than Christ Becoming Present", *National Catholic Reporter*, 19 de agosto de 2019, https://www.ncronline.org/news/opinion/signs-times/eucharist-about-more-christ-becoming-present.

4. Timothy P. O'Malley, *Bored Again Catholic: How the Mass Could Save Your Life* (Huntington, IN: Our Sunday Visitor, 2017).

5. Flannery O'Connor, *The Habit of Being* (Nueva York: Farrar, Straus & Giroux, 1999), 125.

6. Tomás de Aquino, *Suma Teológica* 3.76.8.

7. Etienne Gilson, *The Christian Philosophy of St. Thomas Aquinas*, trad. L. K. Shook (Notre Dame, IN: University of Notre Dame Press, 1956), 207–22.

8. Joseph Ratzinger, "The Problem of Transubstantiation and the Question about the Meaning of the Eucharist", en *Theology of the Liturgy: The Sacramental Foundation of Christian Existence*, ed. Michael J. Miller, trad. Michael J. Miller, trad. John Saward,

Kenneth Baker, Henry Tayor et al. (San Francisco: Ignatius Press, 2014), 235.

9. John Henry Newman, *An Essay in Aid of a Grammar of Assent* (Notre Dame, IN: University of Notre Dame Press, 1979), 93.

2. PRESENCIA REAL EN LAS ESCRITURAS

1. Véase Richard Beadle y Pamela M. King, eds., *York Mystery Plays: A Selection in Modern Spelling* (Nueva York: Oxford University Press, 2009).

2. Sarah Beckwith, *Signifying God: Social Relation and Symbolic Act in the York Corpus Christi Plays* (Chicago: University of Chicago Press, 2001), 70–71.

3. Urbano IV, *Transitus*, en *The Hidden Manna: A Theology of the Eucharist*, 2ª ed., de James T. O'Connor (San Francisco: Ignatius Press, 2005), 193–94.

4. Rudolf Otto, *The Idea of the Holy* (Nueva York: Oxford University Press, 1958), 12–24.

5. Louis Bouyer, *The Meaning of Sacred Scripture*, trad. Mary Perkins Ryan (Notre Dame, IN: University of Notre Dame Press, 1958), 34.

6. James L. Kugel, *The Bible As It Was* (Cambridge, MA: Belknap Press, 1997), 348–49.

7. Mekhilta de-Rabbi Ismael, Bahodesh 9, en Kugel, *Bible As It Was*, 374.

8. Abraham Joshua Heschel, *Heavenly Torah: As Refracted through the Generations*, ed. y trans. Gordon Tucker (Nueva York: Continuum, 2010), 324–25.

9. Kugel, The Bible As It Was, 420.

10. Louis Bouyer, *The Invisible Father: Approaches to the Mystery of the Divinity*, trad. Hugh Gilbert (Edimburgo: T&T Clark, 1999), 140.

11. Bouyer, *Meaning of Sacred Scripture*, 44.

12. Gary A. Anderson, *Christian Doctrine and the Old Testament: Theology in the Service of Biblical Exegesis* (Grand Rapids, MI: Baker Academic, 2017), 108–9.

13. Bouyer, *Meaning of Sacred Scripture*, 112.

14. Lawrence H. Schiffman, *From Text to Tradition: A History of Second Temple & Rabbinic Judaism* (Hoboken, NJ: KTAV, 1991), 33–79.

15. Luke Timothy Johnson, *The Gospel of Luke* (Collegeville, MN: Liturgical Press, 1991), 129.

16. Mary Healy, *The Gospel of Mark* (Grand Rapids, MI: Baker Academic, 2008), 129, 152.

17. Joseph Ratzinger, *Jesús de Nazaret—Semana Santa: De la entrada en Jerusalén a la resurrección*, trad. Secretario de Estado Vaticano (San Francisco: Ignatius Press, 2011), 130.

18. Ratzinger, Jesús de Nazaret-Semana Santa, 133–34.

19. G. K. Beale, *We Become What We Worship: A Biblical Theology of Idolatry* (Downers Grove, IL: InterVarsity Press, 2008), 224.

20. George T. Montague, *1 Corinthians* (Grand Rapids, MI: Baker Academic, 2011), 174.

21. Udo Schnelle, *Apostle Paul: His Life and Theology*, trad. M. Eugene Boring (Grand Rapids, MI: Baker Academic, 2003), 563.

22. James D. G. Dunn, *The Theology of Paul the Apostle* (Grand Rapids, MI: Eerdmans, 1998), 551.

23. Hans Urs von Balthasar, *Theo-Drama: Theological Dramatic Theory-Volumen IV, The Action*, trans. Graham Harrison (San Francisco: Ignatius Press, 1994), 52.

3. PRESENCIA REAL EN LA PATRÍSTICA

1. Paul F. Bradshaw y Maxwell E. Johnson, *The Eucharistic Liturgies: Their Evolution and Interpretation* (Collegeville, MN: Liturgical Press, 2012), 25–59.

2. Robin Darling Young, *In Procession before the World: Martyrdom as Public Liturgy in Early Christianity* (Milwaukee, WI: Marquette University Press, 2001), 10.

3. Ignacio de Antioquía, *Carta a los Romanos* 2.2, en *Early Christian Fathers*, trad. y ed. Cyril C. Richardson (Nueva York: Simon & Schuster, 1996), 103–4.

4. Ignacio de Antioquía, *Carta a los Romanos* 4.2.

5. Ignacio de Antioquía, *Carta a los Romanos* 20.2.

6. Frederick C. Klawiter, "The Eucharist and Sacramental Realism in the Thought of St. Ignatius of Antioch", *Studia Liturgica* 37, no. 2 (2007): 161.

7. Ignacio de Antioquía, *Carta a los Romanos* 7.2–3.

8. Bradshaw y Johnson, *Eucharistic Liturgies*, 56.

9. Martirio de Policarpo 12.1, en *Early Christian Fathers*, 153.

10. Martirio de Policarpo 13.3.

11. Martirio de Policarpo 15.1–2.

12. Albertus G. A. Horsting, "Transfigurations of Flesh: Literary and Theological Connections Between Martyrdom Accounts and Eucharistic Prayers", en *Issues in Eucharistic Prayer in East and West: Essays in Liturgical and Theological Analysis*, ed. Maxwell E. Johnson. Maxwell E. Johnson (Collegeville, MN: Liturgical Press, 2010), 317.

13. Peter Brown, *The Cult of the Saints: Its Rise and Function in Latin Christianity* (Chicago: University of Chicago Press, 1982), 6.

14. Véase Scott D. Moringiello, *The Rhetoric of Faith: Irenaeus and the Structure of Adversus Haereses* (Washington, DC: Catholic University of America Press, 2019).

15. Ireneo de Lyon, *Contra las herejías*, ed. y trans. A. Cleveland Coxe, Alexander Roberts y James Donaldson (Ex Fontibus, 2010), 4.18.4.

16. Ireneo de Lyon, *Contra las herejías* 4.18.5.

17. Ireneo de Lyon, *Contra las herejías* 5.2.2.

18. Gregorio de Nisa, *Discurso sobre la instrucción religiosa* 37, trans. Cyril C. Richardson, en *Christology of the Later Fathers*, ed. Edward R. Hardy (Filadelfia: Westminster Press, 1954), 318. Edward R. Hardy (Filadelfia: Westminster Press, 1954), 318.

19. Gregorio de Nisa, *Discurso sobre la instrucción religiosa* 37.

20. Gregorio de Nisa, *Discurso sobre la instrucción religiosa* 37.

21. Georgia Frank, "'Taste and See': The Eucharist and the Eyes of Faith in the Fourth Century", *Church History* 70, no. 4 (2001): 622.

22. Cirilo de Jerusalén, *Conferencias sobre los sacramentos cristianos*, trad. Maxwell E. Johnson (Crestwood, NY: St. Vladimir's Seminary Press, 2017), 85.

23. Cirilo de Jerusalén, *Conferencias sobre los sacramentos cristianos*, 85.

24. Cirilo de Jerusalén, *Conferencias sobre los sacramentos cristianos*, 115.

25. Cirilo de Jerusalén, *Conferencias sobre los sacramentos cristianos*, 115.

26. Cirilo de Jerusalén, *Conferencias sobre los sacramentos cristianos*, 117.

27. Cirilo de Jerusalén, *Conferencias sobre los sacramentos cristianos*, 119.

28. Cirilo de Jerusalén, *Conferencias sobre los sacramentos cristianos*, 135.

29. Cirilo de Jerusalén, *Conferencias sobre los sacramentos cristianos*, 135.

30. Cirilo de Jerusalén, *Conferencias sobre los sacramentos cristianos*, 135.

31. Ambrosio, *Sermones sobre los sacramentos*, en The Awe-Inspiring Rites of Initiation: The Origins of the R.C.I.A., 2ª ed., de Edward Yarnold (Collegeville, MN: Liturgical Press, 2001), 101.

32. Ambrosio, *Sermones sobre los sacramentos*, 127.

33. Ambrosio, *Sermones sobre los sacramentos*, 133.

34. Ambrosio, *Sermones sobre los sacramentos*, 137.

35. Ambrosio, *Sermones sobre los sacramentos*, 141–42.

36. Ambrosio, *Sermones sobre los sacramentos*, 144–45.

37. Brian P. Dunkle, *Enchantment and Creed in the Hymns of Ambrose of Milan* (Nueva York: Oxford University Press, 2016), 76–78.

38. Ambrosio, *Sermones sobre los sacramentos*, 147.

39. Agustín, Sermón 272, en *Sermones*, vol. 2, pt. 7, trans. Edmund Hill (Hyde Park, NY: New City Press, 1993), 297.

40. Agustín, Sermón 272.

41. Agustín, Sermón 272.

42. Agustín, Tractate 26.13, en *Homilies on the Gospel of John 1–40*, trans. Edmund Hill (Hyde Park, NY: New City Press, 2009), 461.

43. Agustín, Homilía 26.15.

44. Agustín, Exposition 2 of Psalm 18.10, en *Expositions of the Psalms-Volume 1*, trans. Maria Boulding (Hyde Park, NY: New City Press, 2000), 210.

45. Agustín, *Ciudad de Dios* 10.20, en *Ciudad de Dios-Libros 1–10*, trad. William Babcock (Hyde Park, NY: New City Press, 2012), 328.

46. John C. Cavadini, "Spousal Vision: A Study of Text and History in the Theology of Saint Augustine", en *Visioning Augustine* (Hoboken, NJ: Wiley Blackwell, 2019), 225.

47. Agustín, Tratado 26.18.

48. Agustín, *Ciudad de Dios* 22.30, en *Ciudad de Dios-Libros 11–22*, trad. William Babcock (Hyde Park, NY: New City Press, 2013), 553.

4. SABOREAR EL MISTERIO DE LA TRANSUBSTANCIACIÓN

1. Brett Salkeld, *Transubstantiation: Theology, History, and Christian Unity* (Grand Rapids, MI: Baker Academic, 2019), 75.

2. Nathan Mitchell, *Cult and Controversy: The Worship of the Eucharist Outside Mass* (Collegeville, MN: Liturgical Press, 1981), 185.

3. Jaroslav Pelikan, *The Christian Tradition—A History of the Development of Doctrine*, vol. 3, *The Growth of Medieval Theology (600–1300)* (Chicago: University of Chicago Press, 1978), 188.

4. Amalar de Metz, *Liber officialis* 34, en *On the Liturgy— Volume 2*, ed. y trans. Eric Knibbs (Cambridge, MA: Harvard University Press, 2014), 223.

5. Miri Rubin, *Corpus Christi: The Eucharist in Late Medieval Culture* (Nueva York: Cambridge University Press, 1991), 150.

6. James T. O'Connor, *The Hidden Manna: A Theology of the Eucharist*, 2ª ed. (San Francisco: Ignatius Press, 2005), 87.

7. Paschasius Radbertus, *On the Body and Blood of the Lord*, citado en O'Connor, *Hidden Manna*, 87.

8. O'Connor, *Hidden Manna*, 93.

9. Pelikan, *Christian Tradition*, 76.

10. Berengario de Tours, *Epistle Against Almannum*, en O'Connor, *Hidden Manna*, 101.

11. Pelikan, Christian Tradition, 199.

12. Berengario de Tours, "On the Supper of the Lord Against Lanfranc", en O'Connor, *Hidden Manna*, 104.

13. Jan-Heiner Tück, El *don de la presencia: Teología y poesía de la Eucaristía en Tomás de Aquino*, trad. Scott G. Hefelfinger (Washington, DC: Catholic University of America Press, 2018), 262.

14. Mitchell, *Cult and Controversy*, 150.

15. Alan de Lille, "Four Books against the Heretics", en *O'Connor, Hidden Manna*, 116.

16. Pelikan, *Christian Tradition*, 203–4.

17. Olivier Thomas Venard, *A Poetic Christ: Thomist Reflections on Scripture, Language and Reality*, trans. Kenneth Oakes y Francesca Aran Murphy (Nueva York: T&T Clark, 2019), 395–96.

18. Todas las traducciones de la *Summa Theologiae* están tomadas de la de la Providencia dominica inglesa.

19. Tomás de Aquino, *Summa Theologiae* 3.73.4.2.

20. Tomás de Aquino, *Summa Theologiae* 3.73.4.corpus.

21. Tomás de Aquino, *Summa Theologiae* 3.73.5.corpus.

22. Tomás de Aquino, *Summa Theologiae* 3.73.5 corpus.

23. Tück, *Gift of Presence*, 12.

24. Tück, *Gift of Presence*, 210.

25. La traducción literal de *Lauda sion* es mía, aunque he consultado la traducción de Jan-Heiner Tück en su obra *A Gift of Presence*.

26. Jean-Luc Marion, *In the Self's Place: The Approach of Saint Augustine*, trans. Jeffrey L. Kosky (Stanford, CA: Stanford University Press, 2012), 21.

27. Tomás de Aquino, *Summa Theologiae* 3.83.1.corpus.

28. Peter M. Candler Jr., "Liturgically Trained Memory: A Reading of *Summa Theologiae* III.83", *Modern Theology* 20:3 (2004): 426.

29. Candler, "Liturgically Trained Memory", 441.

30. Tomás de Aquino, *Summa Theologiae* 3.83.1.corpus.

31. Tomás de Aquino, *Summa Theologiae*, 3.75.3.sed contra.

32. Tück, *Gift of Presence*, 69–70.

33. Tomás de Aquino, *Summa Theologiae* 3.77.1.corpus.

34. Tomás de Aquino, *Summa Theologiae* 3.79.1.corpus.

35. Tomás de Aquino, *Summa Theologiae* 3.79.4.corpus.

36. Tück, *Gift of Presence*, 310.

37. Traducción en Venard, *Poetic Christ*, 412.

5. DEVOCIÓN EUCARÍSTICA Y PRESENCIA REAL

1. Anna Harrison, "'I Am Wholly Your Own': Liturgical Piety and Community among the Nuns of Helfta", *Church History* 78, no. 3 (2009): 577–78.

2. Gertrudis de Helfta, *The Herald of Divine Love*, trad. Margaret Winkworth (Nueva York: Paulist Press, 1993), 49.

3. Matilde de Magdeburgo, *The Flowing Light of the Godhead*, trad. Frank Tobin (Nueva York: Paulist Press, 1998), 54.74.

4. Matilde de Magdeburgo, *The Flowing Light of the Godhead*, 74.

5. Matilde de Magdeburgo, *The Flowing Light of the Godhead*, 74.

6. Matilde de Magdeburgo, *The Flowing Light of the Godhead*, 75.

7. Matilde de Magdeburgo, *The Flowing Light of the Godhead*, 294.

8. Matilde de Hackeborn, *The Book of Special Grace*, trad. Barbara Newman (Nueva York: Paulist Press, 2018), 37.

9. Matilde de Hackeborn, *Book of Special Grace*, 38–39.

10. Matilde de Hackeborn, *Book of Special Grace*, 40.

11. Gertrudis la Grande de Helfta, *The Herald of Divine Love*, trad. Margaret Winkworth (Nueva York: Paulist Press, 1993), 175.

12. Gertrudis la Grande de Helfta, *Spiritual Exercises*, trans. Gertrud Jaron Lewis y Jack Lewis (Kalamazoo: Cistercian Publications, 1989), 29.

13. Gertrudis la Grande de Helfta, *Herald of Divine Love*, 178.

14. Rachel Fulton, "'Taste and See that the Lord Is Sweet' (Ps. 33:9): The Flavor of God in the Monastic West", *Journal of Religion* 86, no. 2 (2006): 169–204.

15. Gertrudis la Grande de Helfta, *The Herald of Divine Love*, 102.

16. Ann Astell, *Eating Beauty: The Eucharist and the Spiritual Arts of the Middle Ages* (Ithaca, NY: Cornell University Press, 2006), 89.

17. Flannery O'Connor, "A Temple of the Holy Ghost", en *The Complete Stories* (Nueva York: Farrar, Straus and Giroux, 1971), 238.

18. O'Connor, "Temple of the Holy Ghost", 240.

19. O'Connor, "Temple of the Holy Ghost", 248.

20. Simone Weil, "The Love of God and Affliction", in *Waiting for God*, trad. Emma Craufurd (Nueva York: Harper Perennial, 2009), 76.

21. Weil, "Forms of the Implicit Love of God", *in Waiting for God*, trad. Emma Craufurd (Nueva York: Harper Perennial, 2009), 84.

22. Weil, "Forms of the Implicit Love of God", 103.

23. Weil, "Forms of the Implicit Love of God", 105.

24. Weil, "Forms of the Implicit Love of God", 122.

25. Weil, "Forms of the Implicit Love of God", 129.

26. Dorothy Day, *The Long Loneliness* (San Francisco: Harper, 1997), 149.

27. Dorothy Day, *Loaves and Fishes* (Maryknoll, NY: Orbis Books, 1997), 14.

28. Day, *Loaves and Fishes*, 81.

29. Day, *Loaves and Fishes*, 127.

30. Day, *Loaves and Fishes*, 130.

31. Day, *Loaves and Fishes*, 159.

32. Day, *Long Loneliness*, 285–86.

CONCLUSIÓN: CONSUMIDOS Y DESEADOS POR DIOS

1. Agustín, *Las Confesiones*, trad. Maria Boulding (Hyde Park, NY: New City Press, 1997), 7.10.16.

Timothy P. O'Malley es un teólogo católico, autor y profesor. Trabaja en el Instituto McGrath para la Vida de la Iglesia de la Universidad de Notre Dame como director de educación y director académico del Centro de Liturgia de Notre Dame. O'Malley es miembro ejecutivo del Avivamiento Eucarístico y consultor teológico para los laicos, el matrimonio, la vida familiar y los jóvenes de la Conferencia de Obispos Católicos de los Estados Unidos.

También forma parte del comité de misiones del consejo de administración de la Universidad del Verbo Encarnado de San Antonio (Texas) y es presidente de la Sociedad de Liturgia Católica.

O'Malley se licenció en teología y filosofía y obtuvo un máster en estudios litúrgicos en Notre Dame. Se doctoró en teología y educación en Boston College.

Es autor de siete libros, entre ellos *Presencia real* y el premiado *Off the Hook*. Sus artículos han aparecido en publicaciones como la revista *America*, *Religion News Service*, la revista *Angelus* y *Our Sunday Visitor*.

El Instituto McGrath para la Vida de la Iglesia fue fundado como Centro para el Ministerio Pastoral y Social por el difunto Presidente de Notre Dame, el padre Theodore Hesburgh, CSC, en 1976. El Instituto McGrath se asocia con diócesis, parroquias y escuelas católicas para proporcionar educación y formación teológica para abordar problemas pastorales urgentes. El Instituto conecta la vida intelectual católica con la vida de la Iglesia para formar líderes católicos fieles al servicio de la Iglesia y del mundo. El Instituto McGrath se esfuerza por ser la fuente preeminente de contenidos y programas católicos creativos para la nueva evangelización.

Andrés Arango es el delegado del obispo para el ministerio hispano y director de evangelización de la Diócesis de Camden, Presencia Nueva Jersey.

Kathia Arango es directora del ministerio hispano de la Arquidiócesis de Filadelfia y presidenta del Comité Nacional Hispano para la Renovación Carismática.

También de Timothy P. O'Malley

Traducido por Andrés Arango

En Convertirse en personas eucarísticas, Timothy P. O'Malley lo ayuda a reflexionar sobre cuatro dimensiones esenciales de una cultura eucarística de su parroquia: una que fomente la reverencia y la unidad entre los fieles, que incluya todas las dimensiones de la vida humana en el misterio del Cuerpo y la Sangre de Cristo, e invite a la gente a volver a la vida parroquial o a convertirse en católicos por primera vez.

"Venimos de una cultura católica. Pero si no se convierte en una cultura eucarística, morirá con nosotros. Este libro contiene pasos claros para transmitir lo más valioso a los que vendrán después".

—Fr. Agustino Torres, CFR
Presidente y Fundador de Corazón Puro